Bettina Domzalski

INHALTSVERZEICHNIS

*Diese Sprüche findet ihr zum Downloaden im Buch
oder auf www.thienemann-esslinger.de/reinkritzeln*

EINLEITUNG

Nicht an jedem Tag ist nur eitel Sonnenschein. In manchen Stunden denkt man, die Sonne kommt nie wieder, so dunkel erscheinen einem die Wolken am Himmel.

Damit diese Stimmung nicht allzu lange anhält, muss man manchmal einfach so richtig Frust loswerden, sich sortieren und Tipps holen, wie man mit seinen Sorgen und Schwächen umgehen kann.

Beim Anlaufnehmen für Veränderungen ist dieses Buch eine gute Hife. Du kannst deine Erfahrungen zum jeweiligen Kapitel aufschreiben, wenn du gerade Zoff hast, aber natürlich auch wenn du Problemen vorbeugen willst. Vielleicht hast du dann beim nächsten Streit mit Eltern, Lehrern oder Freunden bessere Argumente und reagierst darauf ganz anders. Oder du lernst, mit deinen Schwächen umzugehen, weil du sie in einem anderen Licht siehst.

Bei ernsthaften Problemen scheu dich nicht, professionelle Hilfe anzunehmen. Wenn du keinen zum Reden hast, wende dich an Kinder- und Jugend-Beratungsstellen. Dort bekommst du – auch anonym – kostenlose Hilfe am Telefon, per Mail oder im Chat.

Denk immer dran:

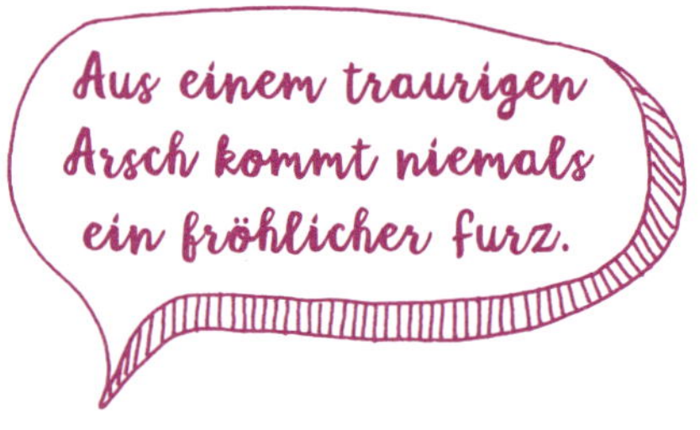

BERATUNG FÜR KINDER UND JUGENDLICHE

Bei körperlicher Gewalt in der Familie

* sofort die Polizei anrufen: 110

Nummer gegen Kummer (Mo–Sa von 14–20 Uhr):

* E-Mail-Beratung: www.nummergegenkummer.de/kinder-und-jugendtelefon.html
* Tel.: 116 111

Telefonseelsorge

* E-Mail-Beratung: www.ts-im-internet.de
* Telefon (24 Stunden): 0800 1110111 oder 0800 1110222

Onlineberatung auf

* www.jugendnotmail.de

Hilfsangebote zu Themen wie Essstörungen, Mobbing, Schwangerschaft und Selbstverletzungen findest du unter:

* www.u25-beratung.de/alternativen.htm

„Ich mach es ja gleich! Aber nicht jetzt.“

ELTERN WOLLEN IMMER MEHR UND SOFORT

Es kann noch so gut in einer Familie laufen – Streit gibt es trotzdem oft. Das liegt an den verschiedenen Bedürfnissen der einzelnen Familienmitglieder. Erwachsenen ist es wichtig, Struktur und Ordnung im Leben zu haben. Kinder wollen sich aber ausprobieren und finden meist alles wichtiger, als Socken zusammengerollt in die dafür vorgesehene Schublade zu legen. Und warum muss man genau dann den Geschirrspüler ausräumen, wenn man mit seiner Freundin chatten MUSS?

In solchen Situationen ist Streit zwischen Eltern und Kindern vorprogrammiert. Und – ganz ehrlich – auch etwas Natürliches. Ganz aus dem Weg kann man diesen Problemen gar nicht gehen, denn die Vorstellung von Ordnung, Sauber- und Pünktlichkeit sind bei Menschen generell sehr verschieden. Allerdings könnte man die Streitereien auf ein Mindestmaß reduzieren, indem sich beide Seiten mit Verständnis begegnen und Verabredungen treffen, die eingehalten werden müssen.

Wenn meine Eltern irgendwann die Gutscheine einlösen, die ich ihnen mal geschenkt habe, bin ich erledigt.

STREITPUNKTE

Worüber streitest du am meisten mit deinen Eltern?
Kreuze die Themen an und schreibe welche dazu!

- ◯ Zimmer aufräumen
- ◯ Morgens aufstehen
- ◯ Abends ins Bett gehen
- ◯ Pünktlich sein
- ◯ Im Haushalt mithelfen
- ◯ Schlechte Schulnoten
- ◯ Geschwisterstreit
- ◯ Klamottengeschmack
- ◯ Badbenutzung
- ◯ Taschengeld

- ◯ ________________________________
- ◯ ________________________________
- ◯ ________________________________

Kinderzimmer?
Ich nenne es begehbares
Wimmelbuch.

MITHILFE BEI DER HAUSARBEIT IST GESETZ!

Was als Kleinkind noch Spaß machte, ist als Teenager echt ätzend, eklig und oft vollkommen unnötig: Mithilfe bei der Hausarbeit.

„Wieso muss ich das Zimmer aufräumen? Ich finde mich doch prima hier zurecht! Und warum muss ausgerechnet immer ich den Müll rausbringen und das Klo putzen – das ist voll eklig! Und wieso muss ich das überhaupt tun? Ihr habt das doch vorher auch ohne mich geschafft."

Das sind Gedanken, die sicherlich jeder Jugendliche kennt. Am besten ist es, wenn man schon seit Kindertagen gewohnt ist, kleine Arbeiten selbstständig zu übernehmen. Echt schwer wird es, wenn Eltern triumphierend den Satz „Ab jetzt hilfst du uns im Haushalt!" raushauen. Denn dann fühlt man sich als Jugendlicher einfach nur bestraft.

Wusstest du, dass Eltern gesetzlich die Pflicht haben, Kinder im Haushalt mithelfen zu lassen? Das stimmt wirklich! Im Paragraf 1619 des Bürgerlichen Gesetzbuchs steht, dass ein Kind, solange es dem elterlichen Hausstand angehört und von den Eltern erzogen und finanziell unterhalten wird, verpflichtet ist, entsprechend seines Alters und seinen Kräften mitzuhelfen. Sieben Stunden pro Woche wären für ein Kind ab 14 Jahren angemessen. Im Krankheitsfall der Eltern, wenn beide berufstätig sind oder alleinerziehend, kann sich das sogar erhöhen. Im Durchschnitt ist das dann also eine Stunde am Tag für einen Teenager. Natürlich ist das nicht einklagbar und ein Kind wird nie vor Gericht stehen, weil es sein Zimmer nicht aufgeräumt, die Haare nicht aus dem Waschbecken geholt hat oder sich die Schuhberge im Flur türmen.

Der Sinn dieses Paragrafen besteht darin, dass Eltern die Pflicht haben, ihre Kinder zur Selbstständigkeit zu erziehen. Dazu gehört aber auch, verschiedene Auffassungen über Ordnung zuzulassen und gemeinsam Regeln des Zusammenlebens in einer Familie zu finden.

DIE EKELSCHWELLE

Wo liegt deine Ekelschwelle?

Zeichne in das Diagramm Werte von 1–5 für die verschiedenen Pflichten im Haushalt. Eine 1 bekommt die Tätigkeit, die dir RIESENSPASS macht, und eine 5 gibst du der, die dich voll anekelt. Wenn du schlau bist, verhandelst du mit deinen Eltern die Pflichten im Haushalt, die zwischen 1–3 auf diesem Diagramm liegen, bevor du nur die ekligen Sachen erledigen musst.

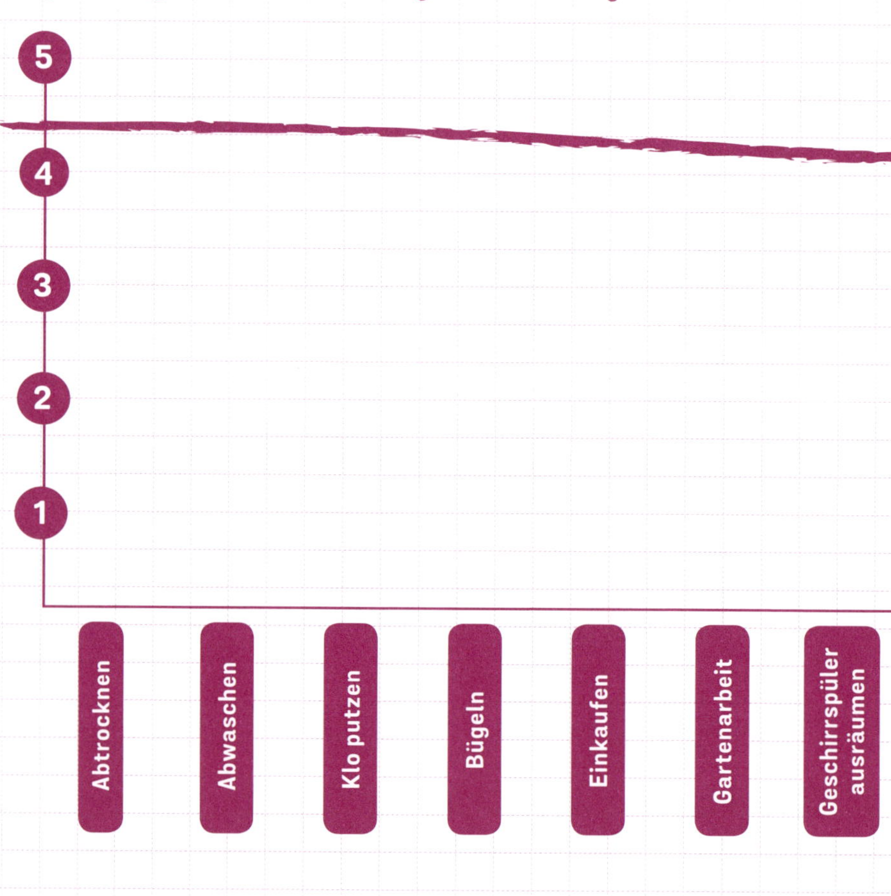

EKELSCHWELLE

Kochen

Müll entsorgen

Staubsaugen

Tisch abräumen

Tisch decken

Wäsche waschen

Wischen

JETZT, GLEICH ODER SPÄTER? WAS BIN ICH FÜR EIN TYP?

Finde heraus, ob du ein Sofort-Erlediger, Auf-später-Vertröster oder In-letzter-Sekunde-Macher bist:

1. Schularbeiten müssen gemacht werden. Erledigst du die

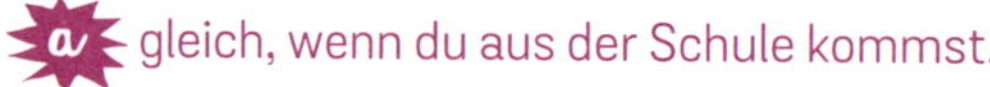
a gleich, wenn du aus der Schule kommst.

b nach einer Stunde Chillzeit.

c in der Regel morgens vor der Schule.

2. Du hast Zahnweh. Gehst du

a gleich beim ersten „Aua“ zum Arzt.

b wenn es richtig wehtut.

c erst, wenn die Backe schon dick ist.

3. Ein Referat steht an. Du hast vier Wochen Zeit dafür. Du beginnst damit

a gleich am ersten Tag. Dann hast du ein besseres Gefühl.

b nicht gleich. Immer schön langsam, du hast noch viel Zeit.

c am Tag vor der Abgabe. Das reicht doch!

4. Du musst deinen Eltern sagen, dass du eine Fünf in Mathe geschrieben hast. Machst du es

a) sofort, dann ist es vorbei.

b) nach reiflicher Überlegung, wie du es formulieren könntest.

c) nur, wenn es unbedingt sein muss.

5. Du bist in denselben Typen wie deine BFF verknallt. Du sagst es ihr

a) umgehend, damit nichts zwischen euch steht.

b) bei nächster Gelegenheit, wenn es mal passt.

c) nur, wenn sie es von allein rausbekommen würde.

6. Beim Ballspielen ist die Fensterscheibe des Nachbarn kaputtgegangen. Was machst du?

a) Du gehst nach dem ersten Schreck hin und entschuldigst dich.

b) Du suchst erst mal nach einer guten Entschuldigung und gehst dann hin.

c) Du gehst dich nur entschuldigen, wenn es Zeugen gegeben hat.

Zähle, wie viele Antworten du jeweils gegeben hast:

a = _____

b = _____

c = _____

MÜLLWÖRTER

Finde waagerecht, senkrecht und diagonal acht weitere Bezeichnungen für MÜLL im Buchstabengitter, die deine Eltern gern verwenden!

U	A	Q	W	E	R	T	Z	U	I	O	P
K	N	Ü	L	Ä	P	L	U	N	D	E	R
D	B	R	R	T	U	H	N	M	Y	X	A
V	R	B	A	N	F	D	E	R	W	Q	A
R	A	Q	M	T	A	S	D	F	J	M	K
G	M	E	Ü	Z	B	M	N	G	G	I	L
N	S	G	K	A	S	A	T	R	E	S	A
M	C	O	L	B	S	C	H	M	U	T	Z
K	H	P	Ä	F	T	D	S	Ä	Ö	Ü	H
Z	R	F	H	A	U	F	E	N	S	A	S
U	W	S	S	L	K	J	H	G	F	D	D
W	F	G	H	L	I	U	D	R	E	C	K

Lösung am Ende des Buches

Egal wie viele Persönlichkeiten du hast – aufräumen will keine.

„RÄUM ENDLICH DEINEN DRECK WEG!"

Stell dir vor, deine Mutter kommt in dein Zimmer und findet so allerlei, was da nicht unbedingt hingehört oder nicht an seinem Platz liegt. Über welche sieben Sachen würde sie sich aufregen?

Lösung am Ende des Buches

TIPPS ZUR SELBSTHILFE

Eltern *und* Kinder haben einen anstrengenden Alltag, darauf müssen beide Seiten Rücksicht nehmen. Und Hausarbeit macht keinem wirklich Spaß. In einem gemeinsamen Gespräch sollte man in der Familie klären, was jedem an Ordnung und Sauberkeit wichtig ist. Eltern müssen auch die Meinung der Kinder respektieren. Allerdings sollte das auch umgekehrt funktionieren. Das kann dann bedeuten, dass deine Mutter verstehen muss, dass du nur einmal die Woche dein Zimmer aufräumst, dein Vater, dass deine Schulsachen erst kurz vor dem Abendbrot vom Esstisch weggefegt werden, und du, dass der Mülleimer runtergebracht werden muss, wenn er stinkt, und nicht erst wenn er voll ist.

Nicht neu, aber sinnvoll ist der Pflichtenplan. Der sollte nicht nur für die Kinder, sondern auch für Eltern gelten. Es gibt viel weniger Streit, wenn man weiß, an einem Tag der Woche muss man Staubsaugen, am anderen das Zimmer aufräumen. Dafür müssen die Eltern an den übrigen Tagen den Putzball aber auch ganz flach halten.

Die Wohnung will immer geputzt werden. Eigentlich ist sie doch groß genug, das selbst zu tun.

„Ich komme in 10 Minuten. Wenn nicht, lies die Nachricht noch mal!“

AUF KRIEGSFUSS MIT DER ZEIT

Es gibt viele Situationen im Leben, zu denen man pünktlich erscheinen sollte. Schön ist es, wenn beide Seiten die Uhrzeit besprechen können, aber bei Schulbeginn, Arztterminen, Abfahrtszeiten und Kursanfängen hat man leider nicht mitzureden – in vielen Fällen *muss* man zu einer bestimmten Uhrzeit da sein. Und zwar pünktlich.

Wie man mit der Zeit umgeht, ist eine Temperamentfrage. Es gibt Menschen, die sind schon 30 Minuten vor dem Termin da, weil sie Angst haben, zu spät zu kommen oder etwas zu verpassen. Andere gehen mit der Zeit entspannter um und kommen keine Minute zu früh. Und dann gibt es die Ewig-zu-spät-Kommer, mit Entschuldigungen wie: „Es macht doch nichts, zu spät zu kommen, sind doch nur ein paar Minuten. Das kann jedem mal passieren."

Ganz ehrlich? Ja, das kann m-a-l passieren, aber wenn sich Unpünktlichkeit ins tägliche Leben einschleicht, muss man etwas an sich ändern. Wer jeden Tag zu spät ins Klassenzimmer kommt, ist irgendwann nicht mehr lustig, sondern wird eher ausgelacht. Wer seine Freunde oft warten lässt, zeigt wenig Wertschätzung ihnen gegenüber. Irgendwann warten Freunde nicht mehr und ziehen allein los. Und sorry – jetzt kommt ein fieser Elternspruch: Wer häufig zu spät kommt, wird es später nicht leicht haben.

Zeit-Chiller werden niemals Viel-zu-früh-Menschen und umgekehrt auch nicht. Aber die Immer-zu-spät-Kommer können mit ein wenig Arbeit an sich selbst zu ganz Normal-Pünktlichen werden – ohne ihre Persönlichkeit komplett verändern zu müssen. Also: keine Ausreden mehr, ihr Immer-zu-spät-Kommer, rafft euch auf und ändert was!

*So aufgewühlt,
wie mein Bett heute ist,
kann ich es unmöglich
allein lassen.*

SELBSTEINSCHÄTZUNG

Beantworte ehrlich die Fragen und stelle dann am Ende selbst fest, ob du

- ○ ein Zeit-Chiller ○ ein Viel-zu-früh-Mensch oder
- ○ ein Immer-zu-spät-Kommer bist.

Um 8 Uhr ist Unterrichtsbeginn. Wann bist du in der Schule?

....

Du bist mit Freundinnen um 15 Uhr verabredet.
Wann bist du am Treffpunkt?

....

Um 20 Uhr beginnt die Kinovorstellung. Sitzt du im Kinosaal, wenn die Werbung beginnt?

....

Deine Familie will um 10 Uhr einen Ausflug machen.
Bist du rechtzeitig fertig?

....

Um pünktlich beim Sportkurs zu sein, der um 15 Uhr beginnt, musst du den Bus um 14.45 Uhr nehmen. Er fährt alle 10 Minuten. Welchen Bus nimmst du?

....

Es gibt zu Hause jeden Tag um 19 Uhr Abendessen.
Wann sitzt du am Tisch?

....

DAFÜR KANN ICH NICHTS, ICH MUSS NUR NOCH …

Es ist morgens vor der Schule. Eigentlich müsstest du schon seit 10 Minuten auf dem Schulweg sein, aber irgendwie kommt dir immer wieder was dazwischen.

Kreise die Situationen ein, die dir häufig in die Quere kommen, und schreibe selbst Gründe auf, warum du nicht pünktlich die Hufe schwingst!

Mathe von Eltern erklären lassen

Aufs freie Bad warten

Noch Schularbeiten im Bett machen

Schulbrote schmieren

Noch mal aufs Klo gehen

Schnürsenkel gerissen

Kopfhörer im Zimmer vergessen

Nix anzuziehen

Haare föhnen

Eine wichtige Nachricht schreiben

Tampons finden

Zweite Socke suchen

Wecker hat nicht geklingelt

Handy aufladen

Klamotten zusammenstellen

Geldbörse oder Schlüssel suchen

Schminke verschmiert

Wieder umziehen

WhatsApp checken

(UN-)PÜNKTLICHKEIT

Welches Türschild spricht dir aus dem Herzen?
Kopiere es, schneide es aus und bringe es an deiner Zimmertür an!

Ich bin aus Prinzip unpünktlich,
denn das Beste
kommt immer zum Schluss.

PÜNKTLICHKEIT IST
FÜR MENSCHEN MIT CHARAKTER
SELBSTVERSTÄNDLICH.

DIE TOP TEN DER DÜMMSTEN AUSREDEN FÜRS ZUSPÄTKOMMEN

10. Meine Eltern wollten unbedingt noch mit mir reden.
9. Ich hab noch einen wichtigen Anruf bekommen.
8. Beim Arzt hat es länger gedauert.
7. Ich hatte Bauchschmerzen.
6. Meine Schwester hatte ein großes Problem.
5. Auf der Straße gab's Stau.
4. Meine Eltern haben verschlafen.
3. Die Hausaufgaben haben ewig gedauert.
2. Der Bus hatte Verspätung.
1. Der Wecker hat nicht geklingelt.

Welche Ausreden benutzt du am liebsten?

1. ____

2. ____

3. ____

„SEI DIESMAL BITTE PÜNKTLICH!“

Hast du Freunde oder Familienmitglieder, die extrem unpünktlich sind? Wenn dich das richtig nervt, musst du das sagen. Die meisten Immer-zu-spät-Kommer machen das nicht mit Absicht. Ihnen ist oft nur nicht klar, dass andere unter ihrer Unpünktlichkeit leiden.

Hier hast du ein paar Hilfen für das Gespräch:

* Geh nicht ohne eine kritische Bemerkung über ein häufiges Zuspätkommen hinweg.
* Zeig deinem Gegenüber, dass du erkennst, dass die Entschuldigung eine Ausrede ist.
* Mach deiner Verabredung klar, dass sie dir durch ihre Unpünktlichkeit Zeit raubt.

Wen kennst du, der extrem unpünktlich ist, und wie sehr nervt dich das bei dieser Person? Ein Emoticon bedeutet „Geht so“ und fünf: „Ich platze gleich!“

Name	☹ ☹ ☹ ☹ ☹

NICHT IMMER GELOGEN

Nicht immer sind Ausreden gelogen. Viele der Gründe für Unpünktlichkeit sind tatsächlich wahr. Darauf ruht sich der Immer-zu-spät-Kommer aber gern aus. Irgendwann glaubt er tatsächlich, er könne gar nichts dafür, weil die Umstände nun mal so sind und seine Persönlichkeit nicht dagegen ankommt.

Und genau hier liegt der Hund begraben: Wenn man weiß, dass man

* morgens schwer aus dem Bett kommt,
* nicht gut vorbereitet in den Tag startet,
* die Klamotten nach morgendlicher Stimmung raussuchen muss,
* oft unsicher ist und sich häufig noch mal umziehen möchte,
* das Bad mit anderen teilen muss,
* mehr Zeit als andere für bestimmte Dinge braucht,
* nicht gut auf Druck reagiert,
* sich zeitlich nach anderen richten muss,
* kein Typ für einen genauen Zeitplan ist,
* sich einfach nicht stressen will,

ist das vollkommen o.k. – solange andere Menschen nicht davon betroffen sind oder darunter leiden müssen.

Wenn fünf der zehn Punkte längerfristig auf dich zutreffen, hat es keinen Sinn, vor jedem Termin oder jeder Verabredung zu glauben: Diesmal schaffe ich es ganz bestimmt!

Du musst etwas ändern!

TIPPS ZUR SELBSTHILFE

Mit ein paar Tricks, an die du dich gewöhnen musst, wird Zeitplanung für dich und deine Mitmenschen entspannter.

* Überlege dir, was vor einem Termin wirklich von dir gemacht werden muss. Nur schnell noch was erledigen braucht meistens mehr Zeit, als man denkt.
* Plane mehr Zeit ein, denn es kann dir immer etwas Unvorhergesehenes passieren.
* Überliste dich mit dem 15-Minuten-Trick: Wenn du eine Verabredung hast, stelle die Uhr 15 Minuten vor.
* Versuche Frieden mit dem Wort MÜSSEN zu schließen. Viele kommen genau deshalb zu spät, weil sie sich innerlich gegen das MÜSSEN wehren: Ich MUSS um 7 Uhr aufstehen, ich MUSS um 10 Uhr am Bahnhof sein …
* Checke mal ganz realistisch ab, wie viel Zeit verschiedene Tätigkeiten wirklich in Anspruch nehmen. Wenn du im Bad morgens eine Stunde brauchst, dann ist das o.k. so, aber hab nicht im Kopf, du schaffst das Fertigmachen zwischen Aufstehen und Rausgehen in 30 Minuten.
* Wenn du pünktlich sein willst, übe das NEIN-Sagen. Konzentriere dich auf das, was jetzt wirklich wichtig ist.
* Es geht morgens echt schneller, wenn die Klamotten-Basics bereitliegen und nur noch der Feinschliff entschieden werden muss.
* Wer keine Schulbrote von den Eltern geschmiert bekommt, sollte das besser abends machen. Es ist unrealistisch, dass du das morgens noch schaffst.

Und hier noch einen Spruch für die Viel-zu-früh-Menschen:

Auch wer viel zu früh kommt, ist unpünktlich!

„Jungs sind wie
schöne Schuhe.
Wir brauchen sie,
auch wenn sie
manchmal wehtun."

JUNGS! KEIN THEMA IST WICHTIGER

Als ob es nicht reicht, dass sich in der Pubertät der Körper verändert, entsteht in dieser Zeit ein ganz neuer Gefühlskosmos, den man nicht nur einem Organ oder einem Körperteil zuordnen kann. Auf einmal kribbelt es in der Herzgegend. Der Hals ist wie zugeschnürt und es kommt kein Wort mehr raus. Urplötzlich wird einem übel und der Magen krampft. Die Beine versagen ihren Dienst, sodass man nicht laufen kann. Und das alles nur, weil man einen ganz bestimmten Jungen sieht. Meist schaut dieser Junge einen genau dann an, wenn man mitten im Gesicht einen riesengroßen Pickel hat, der natürlich in dem Moment noch röter wird und zu leuchten beginnt. Das ganze Gesicht und der Hals werden rot, heiße Luft strömt in den Kopf und die Hände schwitzen. Was sagt man, wenn der Typ einen anspricht? Oder wie soll man es denn verkraften, wenn er einen erst gar nicht wahrnimmt?

Die Gefühle fahren Achterbahn. Eine Fahrpause gibt's nur, wenn man das Glück hat, vom Angebeteten zurückgeliebt zu werden. In dieser Zeit kehrt etwas Ruhe ein, was das Gefühlschaos angeht. Allerdings ist es in einer Beziehung auch nicht immer leicht, denn jetzt muss man sich verstehen und respektieren lernen.

Liebe ist in jedem Alter ein tolles Gefühl, das einen umwirft, verändert, stärker und auch manchmal schwächer werden lässt. Wichtig ist, dass man sich niemals für einen anderen Menschen verbiegt und gut auf sich selbst achtet, ohne aus dem Partner einen anderen Menschen machen zu wollen.

Mein Prinz kommt nicht auf einem weißen Pferd, sondern auf einer Schildkröte. Sonst würde es nicht so lange dauern, bis er da ist.

GEHEIMNISVOLLE LIEBE

Gibt es jemanden, in den du verknallt bist?

....

Wie lange hast du das Gefühl schon?

....

Wie heißt er?

....

Hast du einen Kosenamen für ihn?

....

Woher kennst du ihn?

....

Ein Imker hat's gut. Der kann immer bei seinem Schwarm sein.

Was macht ihn so besonders?

....

Wie reagierst du, wenn du ihn siehst?

....

Habt ihr schon mal miteinander gesprochen?

....

Wer weiß von deinen Gefühlen?

....

DAS GROSSE KOPF-WIRRWARR

Was geht dir im Kopf rum, wenn du deinen großen Schwarm siehst?

DU SIEHST MICH NICHT!

Du traust dich nicht, deinen Schwarm anzusprechen, weil du dann keinen Ton rauskriegst? Dann schreib ihm, was du ihm sagen möchtest.

WAS BIN ICH FÜR EINE KÜSSERIN?

Finde heraus, was du für ein Kuss-Typ bist. Kreuze die für dich richtigen Antworten an und zähle zum Schluss alle Punkte in den Klammern zusammen.

Küssen beim ersten Date – ist das o.k.?

- ○ Nein, auf keinen Fall! **(2)**
- ○ Ja, Küssen muss sein beim ersten Date! **(5)**
- ○ Wenn alles stimmt, dann ja. **(3)**

Dein Schwarm und du küsst euch endlich zum ersten Mal. Aber der Typ bewegt seine Zunge wie einen Turbomixer. Was denkst du?

- ○ Das war der erste und der letzte Kuss – nie wieder! **(5)**
- ○ Übung macht den Meister – das wird schon. **(3)**
- ○ Küssen ist doch nicht so wichtig. **(2)**

Du sollst beim Flaschendrehen einen fremden Jungen küssen. Wie reagierst du?

- ○ Natürlich mach ich das, Pflicht ist Pflicht. **(5)**
- ○ Auf gar keinen Fall küsse ich fremde Jungs. **(2)**
- ○ Na ja, nicht gern, aber ich mach's – nur ohne Zunge! **(3)**

Was machst du mit deinen Händen, wenn du küsst?

- ○ Ich verschränke sie hinter meinem Rücken. **(2)**
- ○ Ich kraule seine Haare. **(5)**
- ○ Ich halte mich an seiner Hüfte fest. **(3)**

Sind deine Augen beim Küssen auf oder zu?

- ○ Ich blinzle, weil ich unsicher bin, ob ich es richtig mache. (3)
- ○ Nur mit geschlossenen Augen kann ich genießen. (5)
- ○ Auf, ich will ja sehen, was er fühlt. (2)

Wenn du selbst noch ungeübte Küsserin bist, welchen Typ möchtest du dann gern küssen?

- ○ Mit einem Anfänger kann ich zusammen lernen, was schön ist. (2)
- ○ Das ist mir piepegal! Hauptsache, ich kann mal küssen. (5)
- ○ Ein Profi kann mir mehr beibringen. (3)

In der Öffentlichkeit oder zu zweit, wann ist Küssen schöner?

- ○ Mir können ruhig alle zuschauen beim Küssen. (5)
- ○ Ich küsse dann, wenn der Moment richtig ist. (3)
- ○ Ich mag es nicht, beim Küssen beobachtet zu werden. (2)

Wer muss beim Küssen die Führung übernehmen? Junge oder Mädchen?

- ○ Natürlich der Junge (2)
- ○ Immer abwechselnd (3)
- ○ Wer gerade Lust drauf hat. (5)

Auswertung am Ende des Buches

LUSTKILLER ODER FEUERWERK

Du bist mit dem heißesten Typen der Welt verabredet. Denkst du jedenfalls. Was macht dir Lust, mit ihm rumzumachen, und was törnt dich ordentlich ab?

Schreibe an die entsprechenden Begriffe ein **L** für Lustkiller oder ein **F** für Feuerwerk. Fallen dir selbst noch ein paar Lustkiller oder Feuerwerke ein?

schwarze Fingernägel

ungewaschene Haare

Achselhaare

viel Deo

teures Männerparfum

Fleckiges T-Shirt

Gangsta-Style

Schweißgeruch

Blume in der Hand

Raucherfahne

....

Alk im Gepäck

Draufgänger

Hipsterklamotten

Unsicherheit

Muskeln

Einlader

Verschmitztes Grinsen

Gedichte-Schreiber

Schöne Augen

Selbstsicherheit

Smarter Gang

....

....

LIEBESGLÜCK

Liebe muss nicht perfekt sein. Aber echt.

Wie heißt dein Freund?

....

Habt ihr Kosenamen füreinander?

....

Seit wann seid ihr zusammen?

....

Wo habt ihr euch kennengelernt?

....

Was gefällt dir an ihm?

....

Was könnte er ändern?

....

Wie findest du seine Freunde?

....

Ist eure Beziehung öffentlich oder noch ein Geheimnis?

....

Wissen deine Eltern davon?

....

Gibt es Probleme damit und wenn ja, warum?

....

DAS ERSTE MAL

An den ersten Sex sollte man sich sein ganzes Leben positiv erinnern.

Schreibe auf, wie du dir dieses Erlebnis vorstellst, mit wem du dir dein erstes Mal wünschen würdest und in welcher Stimmung es wo stattfinden soll.

Wenn dein erstes Mal schon stattgefunden hat, dann beschreibe, wie es war, und vergib unten eine Note dafür.

....

....

....

....

....

....

....

....

....

Note: _______

1 – BOMBASTISCH!
2 – ganz gut
3 – geht so
4 – mies
5 – schrecklich

TIPPS ZUR SELBSTHILFE

Mit der Liebe hat man es echt nicht leicht und mit Jungs sowieso nicht. Wenn du in jemanden verliebt bist, dann mit Haut und Haar. Das bedeutet aber nicht, dass du blind vor Liebe sein musst und nicht wahrhaben willst, wenn dir etwas nicht guttut.

Mach in Liebesdingen immer nur das, was DU willst. Lass dich von keinem Typ der Welt bequatschen, etwas zu tun, was du gar nicht willst oder wofür du noch Zeit brauchst. Wenn er nicht warten kann, bis du auch bereit für euer erstes Mal bist, dann ist er nicht der Richtige. Höre auf dein Bauchgefühl – wenn es leise Zweifel gibt, dann ist die Zeit noch nicht gekommen. Wenn aber alles klar zwischen euch ist und du auch mehr willst, dann habt Verantwortungsbewusstsein und schützt euch vor einer ungewollten Schwangerschaft und Geschlechtskrankheiten.

Es gibt Mädchen, denen es peinlich ist, dass sie noch keinen Sex hatten und nicht die Pille nehmen, und die es nicht fertigbringen, es ihrem Freund zu sagen. Sex mit seinem Partner zu haben ist aber eine der größten Vertrauenssachen zwischen Menschen. Du musst dich nicht schämen, wenn du noch nicht sexuell aktiv gewesen bist – dein Freund übrigens auch nicht. Küssen, streicheln und mehr ist sowieso am schönsten, wenn du mit deinem Freund ausprobierst, was sich für euch gemeinsam gut anfühlt.

Die Kunst in der Liebe ist es, den anderen so zu nehmen, wie er ist. Natürlich musst du nicht alles an ihm toll finden. Aber denk dran, dass du auch dann geliebt werden willst, wenn du vielleicht, also nur eventuell, eigentlich fast nie – und wenn aus gutem Grund – mal schlecht drauf bist.

Ich brauch keinen Prinzen, der Drachen tötet, sondern einen, der mich liebt, wenn ich zum Drachen werde.

Es können
nicht alle
Prinzessinnen sein.
Irgendjemand muss ja
auch klatschen, wenn
ich auf meinem
Einhorn vorbeireite!

DEIN PLATZ IN DER GRUPPE

Mädchen sind emotional, reden gern, hinterfragen sich und andere, tauschen sich aus und haben zu allem eine Meinung. Deshalb gibt es drei Temperaturzustände zwischen Mädchen:

1. Wohlige Wärme zwischen Freundinnen
2. Eiseskälte zwischen Feindinnen, die jederzeit in
3. heftigen Sturm umschlagen kann.

Das heißt, entweder mögen sich Mädchen mit viel Herz oder sie tauschen giftige Blicke aus. Ein neutrales Verhalten unter Mädchen gibt es kaum. Mädchen können ihre Meinung zu Dingen und zu Personen meist gut in Worte fassen. Ganz anders als Jungs in der Pubertät, die manchmal unsicher in ihren Meinungen erscheinen, sich lieber raus- und die Klappe halten. Wenn Jungs vor Wut platzen, kann auch mal die Faust zum Zug kommen. Allerdings ist es dann meist auch wieder gut und der Fall geklärt.

Mädchen können sich sehr viel länger aufregen und besonders gern über ihr eigenes Geschlecht. Natürlich auch über den Exfreund, über die Eltern, über Lehrer und manchmal auch über die BFF, die sich u-n-m-ö-g-l-i-c-h verhalten hat. In Mädchencliquen verändert sich ständig die Dynamik: Wer kann mit wem gerade besonders gut, wer ist beliebt und mit welchem Mädchen besonders dicke. Was sich selten in Mädchencliquen verändert, ist die Zusammensetzung und wer Anführerin, Mitläuferin und stilles Mäuschen ist. Denn das ist eine Persönlichkeitsfrage und kein Makel. Man muss sich nur in seiner Rolle wohlfühlen und sich nicht unterbuttern lassen. Von niemandem – auch nicht von der BFF!

Freundschaft ist, wenn man mit anderen Bekloppten noch bekloppter sein kann, als man selbst schon ist.

FREUNDE UND KUMPEL

Wie heißen deine besten Freunde?

....

Sind alle deine Freunde in einer Clique? ○ ja ○ nein

Woher kennst du deine Best Friends?

....

Wer ist deine BFF und seit wann?

....

Hast du einen guten Kumpel? ○ ja ○ nein

Kannst du besser mit Jungs oder besser mit Mädchen quatschen?

....

Bist du: ○ Anführer ○ Rückenstärker ○ Mittelfeldspieler oder
○ Mauerblümchen?

Wo siehst du dich in der Gruppe?

....

Bist du mit deiner Rolle in der Gruppe zufrieden? ○ ja ○ nein

Wenn du Probleme hast, zu wem gehst du dann?

....

Wo ist der Lieblingstreffpunkt eurer Clique?

....

Was unternehmt ihr am liebsten?

....

NERVBEUTEL ODER LIEBLINGSMENSCH

Wie stehst du zu den Mädchen und Jungs in deiner Clique? Magst du alle gleich gern oder gibt es in deiner Zuneigung kleine oder sogar große Unterschiede? Schreibe die Namen deiner Freunde auf die y-Achse und vergib dann Punkte zwischen 1 und 10 auf der x-Achse.

1 = die Person regt mich total auf
0 = der/die ist mir egal
10 = mein Lieblingsmensch

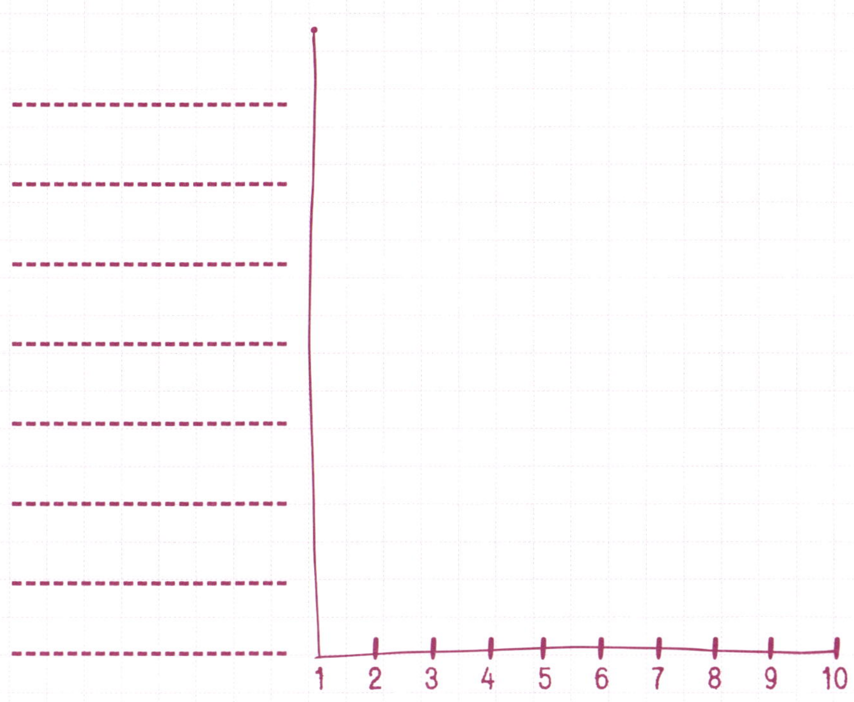

GIRL-POWER

Welche Rolle übernehmen die Mädchen in deiner Clique? Schreibe die Namen deiner Freundinnen dahinter auf. Du kannst die Namen auch mehrfach zuordnen. Bleiben Rollen in deiner Girl-Clique frei oder sind einige doppelt besetzt?

die Anführerin: ....

die Ängstliche: ....

die Ausgeflippte: ....

die Beliebteste: ....

Die Draufgängerin: ....

die Geheimnisvolle: ....

die Gute-Seele: ....

die Ja-Sagerin: ....

die Lustige: ....

das Mauerblümchen: ....

die Meckertante: ....

die Modequeen: ....

die Nein-Sagerin: ....

das Plaudertäschchen: ....

die Romantische: ....

die Schönste: ....

die Schüchterne: ....

die Schwarzseherin: ....

die Sportliche: ....

die Starke: ....

das Stille-Wasser: ....

die Streberin: ....

die Übertreiberin: ....

die Verschwiegene: ....

die Wahrsagerin: ....

Ich muss nicht immer im Mittelpunkt stehen. Sitzen ist auch o.k.

FREUNDSCHAFT

MEINE BFF UND ICH

Schreibe auf, was eure Gemeinsamkeiten und eure Unterschiede sind.

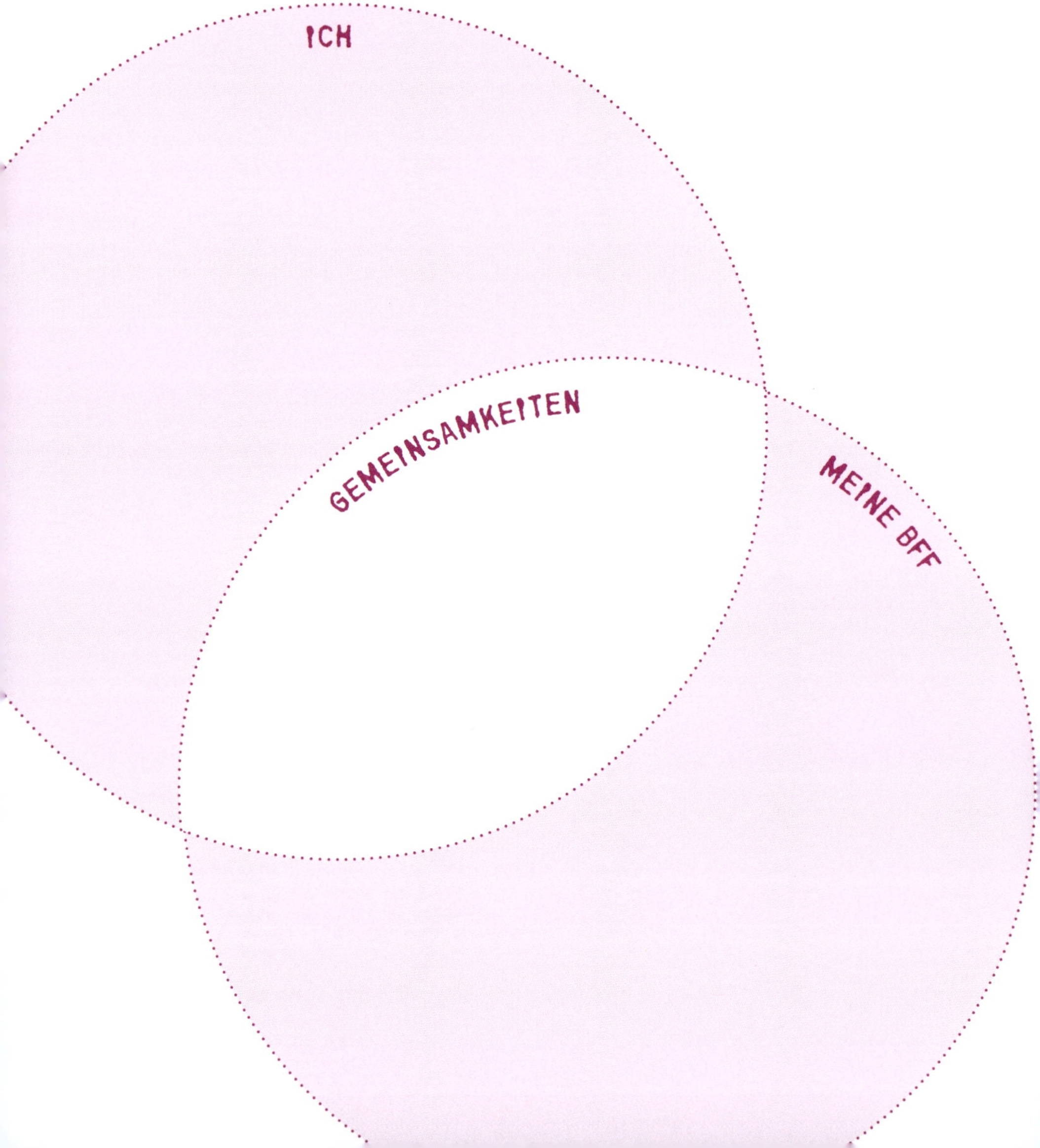

ICH

GEMEINSAMKEITEN

MEINE BFF

MEIN LIEBESBRIEF AN DICH

Schreibe deiner BFF einen Brief, warum du sie so sehr magst.

HILFE, MEINE FREUNDE MÖGEN MEINEN FREUND NICHT!

Das denke ich über meinen Freund:	Das sagen meine Freunde über ihn:

Wenn die Freunde den Freund nicht mögen oder umgekehrt, dann ist das durchaus ein Problem. Die eine Seite wird auf dich einreden, dass der Typ doof ist, und die andere Seite meint, deine Freunde sind blöd. Und du stehst dazwischen und bist unglücklich.

Wenn auch mehrere Anläufe, gemeinsam etwas zu unternehmen, und Abwarten nichts gebracht haben, dann sind die Fronten klar. Freundschaft lässt sich nicht erzwingen.

Dein Freund muss dann verstehen, dass du auch Zeit mit deinen Freunden verbringen willst. Und du musst dich bei deinen Freunden nicht rechtfertigen, warum du wen liebst. Wenn es dir gut geht mit dieser Liebe, dann kannst du auch deinen Freunden offen sagen, dass dir das Genörgel an deinem Freund aber so was von auf die Nerven geht!

TIPPS ZUR SELBSTHILFE

Genauso schnell, wie Mädchen streiten, kann es auch wieder gut zwischen ihnen sein. Streit tut immer weh, aber es ist in deinem Alter vollkommen normal, wenn Unterschiede und Meinungsverschiedenheiten lautstark und heftig ausgetragen werden. Mal ist es die eine, die den Streit anfängt, mal eine andere Freundin, und sehr wahrscheinlich trittst auch du mal eine Krawalllawine los. Dann kann es sein, dass sich Parteien bilden, alles wird zigmal mit jeder und jedem besprochen und manchmal auch weitererzählt.

Sprich dich mit deinen Mädels aus und seid ehrlich zueinander. Und habt ein wenig Geduld, bis alles wieder gut ist.

Bist du mit deiner Position in der Gruppe nicht zufrieden, musst du was an deinem Image ändern. Das ist nicht ganz einfach und kostet Mühe. Such dir einen Menschen aus deiner Clique, dem du vertraust, und frag ihn, wie du von den anderen gesehen wirst. Das kann manchmal ganz schön verletzend sein. Aber die Wahrheit ist immer besser und gibt dir die Chance zur Veränderung – wenn du das willst. Nicht Jede und auch nicht Jeder ist Chefin oder Chef. Aus der zweiten Reihe kommen oft die besten Ideen, nur fehlt dort manchmal der Mut zur Umsetzung. Die Stilleren müssen nicht automatisch unterdrückte Mauerblümchen sein. Von ihnen kommen oft Anregungen oder Einwürfe, die wohlüberlegt sind. Du hast dein eigenes Temperament – du musst dich selbst wohlfühlen und dich akzeptieren. Dann machen es auch die anderen.

Eine gute Freundin ist wie ein BH: Sie hält dich hoch, lässt dich nicht hängen und ist dicht an deinem Herzen.

„Wenn jemand ein Problem mit mir hat, darf er es gern für sich behalten. Ist ja nicht meins.“

DEINS!

ICH FIND MICH (MEISTENS) GUT!

Wenn man ein stiller Typ ist, bewundert man häufig die Mutigen, die offen und schnell Probleme angehen. Wenn man immer die Herausforderung sucht und oft damit aneckt, wünscht man sich, dass man ab und zu erst mal fünf Minuten nachdenkt, bevor man zum Angriff übergeht.

Für seine Persönlichkeit kann man nichts, aber man darf sich bei Problemen auch nicht immer damit herausreden. „Ich bin nun mal so!" wird auf dem Weg zum Erwachsensein immer weniger akzeptiert. Keiner verlangt, dass man ein ganz anderer Typ wird. Ob man Draufgängerin ist oder ein kleiner Angsthase, ob man laut ist oder leise, oder manchmal dies und manchmal das ist, ist eine Frage des Temperaments. Wie das eigene Temperament tickt, sollte man wissen, denn dann kann man Kleinigkeiten an sich ändern. Wenn man als Draufgängerin mal die Klappe hält, den anderen ausreden oder ihm gar den Vortritt lässt, bricht man sich keinen Zacken aus der Krone. Und die Stillen müssen keine Sorge haben, dass das Scheinwerferlicht jetzt jeden Tag auf sie gerichtet ist, wenn sie mal einen Vorschlag machen oder ihre Meinung offen sagen.

Wichtig ist, dass man mit Rückgrat und einer Mischung aus Selbstbewusstsein und Zurückhaltung durchs Leben geht und einen Blick auf andere Menschen hat. Sich selbst gut zu finden, ohne andere zu verletzen – das ist die Devise.

*Es gibt Menschen,
die von allen Seiten perfekt
aussehen, von vorne, von hinten,
von rechts und von links.
Nur nicht von innen.*

WIE BIN ICH?

Kreise auf diesen beiden Seiten die Eigenschaften ein, in denen du dich wiedererkennst. Schau dann auf den nächsten Seiten nach, ob du diese Eigenschaften in einem Temperament wiederfindest.

pessimistisch

kritisch

tolerant

selbstständig

gesprächig

unsensibel

langsam

sorglos

chaotisch

aufbrausend

spontan

lebhaft

kumpelhaft

unabhängig

unzugänglich

unaufdringlich

gesellig

introvertiert

unentschlossen

oberflächlich

unflexibel

locker

vorsichtig

nicht spontan

ehrgeizig

misstrauisch

zuverlässig

DIE VIER TEMPERAMENTE

Suche die von dir eingekreisten Eigenschaften und finde heraus, was du für ein Temperament hast, welches Element und welche Jahreszeit zu dir passen, oder welcher Mischung von Temperamenten du entsprichst.

Choleriker

Element Feuer, Jahreszeit Sommer

aufbrausend
ehrgeizig
gleichgültig
intolerant
konsequent
kritisch

misstrauisch
selbstständig
spontan
unabhängig
ungeduldig
unsensibel

Sanguiniker

Element Luft, Jahreszeit Frühling

aufgeschlossen
chaotisch
gesellig
gesprächig
kontaktfreudig
launisch

lebhaft
leichtsinnig
locker
oberflächlich
sorglos
unruhig

Melancholiker
Element Wasser, Jahreszeit Herbst

pingelig
pessimistisch
introvertiert
unflexibel
zuverlässig
fleißig
unzugänglich
poetisch
verträumt
ordentlich
nachdenklich
gefühlsbetont

Phlegmatiker
Element Erde, Jahreszeit Winter

einfühlsam
unentschlossen
kontaktfreudig
entspannt
tolerant
kumpelhaft
hilfsbereit
faul
unaufdringlich
nicht spontan
langsam
vorsichtig

Mein Temperament ist

„...

oder

Ich bin eine Mischung zwischen

„...

und „...

DEIN YIN UND YANG

Yin und Yang sind Begriffe aus der chinesischen Philosophie, die in der westlichen Kultur Gegensätze ausdrücken. Aber eigentlich stehen Yin und Yang für Kräfte, die zwar gegensätzlich sind, sich aber aufeinander beziehen und miteinander arbeiten. Yin heißt übersetzt „Schattenseite des Bergs" und Yang „Sonnenseite des Bergs". Das Yin sind passive Kräfte, die nach innen gehen. Es steht für Nacht, Dunkelheit und Stille. Das Yang sind aktive Kräfte, die aktiv nach außen gehen, und spricht für Sonne, Licht und Bewegung. Damit ist aber keineswegs gut und böse gemeint. Beide Kräfte sollten im Idealfall in einem ausgewogenen Verhältnis stehen und führen – laut der chinesischen Philosophie – zu Glück und Zufriedenheit.

Das Zeichen für den Einklang von Yin und Yang ist das *Taiji*. Das schwarzweiße, kreisförmige Symbol besteht aus zwei ineinander verschlungenen Elementen und stellt so eine Einheit zwischen den beiden Kräften Yin und Yang dar. Ohne den Tag gibt es keine Nacht – und umgekehrt auch nicht.

DAS BIN ICH!

Entwerfe ein Symbol, das dich und deine zwei Seiten zeigt.

DIE INNERE SCHÖNHEIT

Welche Eigenschaften magst du an dir? An welchen hast du zu knabbern oder mit welchen hast du vielleicht sogar schon schlechte Erfahrungen gemacht?

TIPPS ZUR SELBSTHILFE

Es ist leicht gesagt, dass du dich gut finden sollst. Gerade als Jugendliche hast du damit zu tun, dich erst mal kennenzulernen und zu schauen: Wie sehe ich aus und wie wirke ich auf andere Menschen. Da ist Unsicherheit etwas ganz Normales. Erst recht, wenn du merkst, dass hinter deinem Rücken getuschelt wird. Ganz frei von Lästereien ist niemand, das wirst du auch von dir selbst kennen.

Um damit klarzukommen, wenn andere irgendetwas an dir nicht so prickelnd finden, versuche selbst ein gutes Mittelmaß zwischen „Ich bin geil!" und „Das mag ich nicht an mir" zu finden. Wenn man sich charakterlich als vollkommen fehlerfrei und äußerlich als perfekt einschätzt, hat man einfach einen an der Klatsche und ist extrem unsympathisch. Krittelt man nur an seinem Aussehen rum und ist nicht im Reinen mit seiner Persönlichkeit, zieht einen das selbst ständig runter und man wirkt auf andere unsicher. Pass auf, dass du dann nicht zum „Opfer" wirst. Es gibt Jugendliche, die sich ihre unsicheren Schulkameraden zum Mobben aussuchen. Um aus diesem Teufelskreis rauszukommen, hole dir Hilfe von Profis – wenn du keinen Erwachsenen hast, an den du dich vertrauensvoll wenden kannst. Auch wenn du Zeugin von Mobbing wirst, sei mutig und melde den Vorfall. Mobbing ist kein Spaß!

Ansonsten sei entspannt mit dir, probiere dich aus, sei mutig und pass auf dich auf!

Kümmere dich nicht um die, die hinter deinem Rücken über dich reden. Sie sind nicht ohne Grund hinter dir.

NEU
SALE
„Atemlos durch die Stadt, bis der Shopping-beutel kracht."

EIN GANZER SCHRANK VOLL NIX-ANZUZIEHEN

Das kennt doch Jede: Schranktür auf und nichts Passendes drin. Entweder zu alt, zu klein, zu groß, farblich nicht passend, gerade in der Wäsche, verborgt oder es passt es einfach nicht zur Stimmung. Und dann muss geshoppt werden. Weil man ja überhaupt nichts anzuziehen hat. Auch wenn sich Jungs zunehmend der Mode und Kosmetik öffnen, ist die Shoppinglust bei Mädchen größer. Bei vielen kann der Kleiderschrank nicht groß und voll genug sein.

Aber Klamotten kosten Geld, und das hat man als Teenager nicht uneingeschränkt. Und dann gibt es noch das Größenproblem. Die Modeindustrie schreibt Mädchen und Frauen gern vor, wie das Idealmaß sein soll. Heute ist das groß, schlank und wenig Busen. Wer davon abweicht, hat eigentlich gar kein Problem, sondern bekommt eins. Auch wenn man sich in seinem Körper mit ein paar Pfunden hier und da wohlfühlt, ist es als junger Mensch oft schwer, passende, modische und bezahlbare Klamotten zu finden. Die ranken Schlanken finden ein Teil, in das man mit einem größeren Busen einfach nicht reinpasst. Und ganz schnell steht man vor dem XL-Regal und schneidet zu Hause die Größenschilder ab, damit sie keiner sieht. Aber auch die Kleineren oder die mit einer langen Körpergröße haben es nicht leicht, die idealen Klamotten zu finden.

Mode macht es einem oft nicht leicht, aber sie macht Spaß. Und den sollte man sich von nichts und niemandem vermiesen lassen.

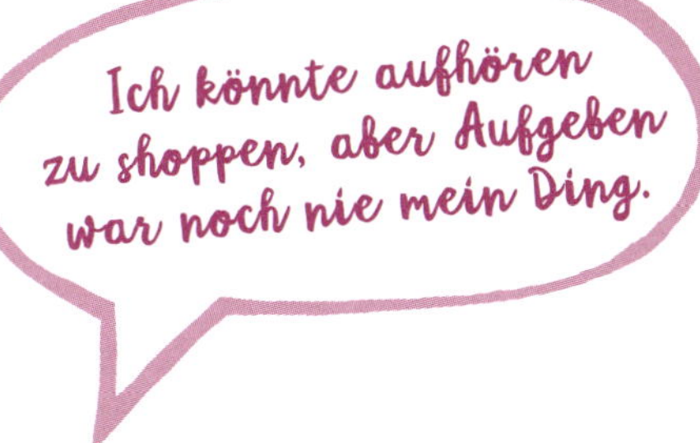

Ich könnte aufhören
zu shoppen, aber Aufgeben
war noch nie mein Ding.

VON AUSSEN GESEHEN

Kreise mit verschiedenen Farben ein, was du an deinem Körper magst und was du gern anders hättest?

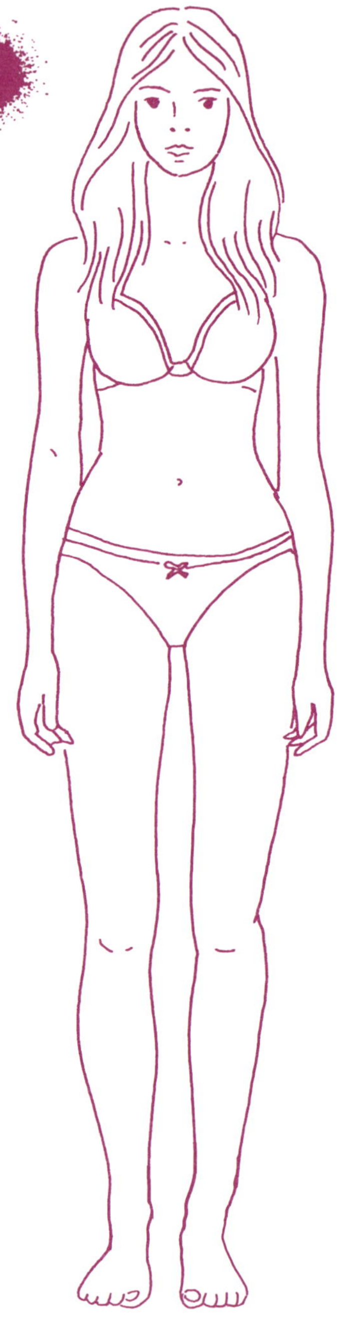

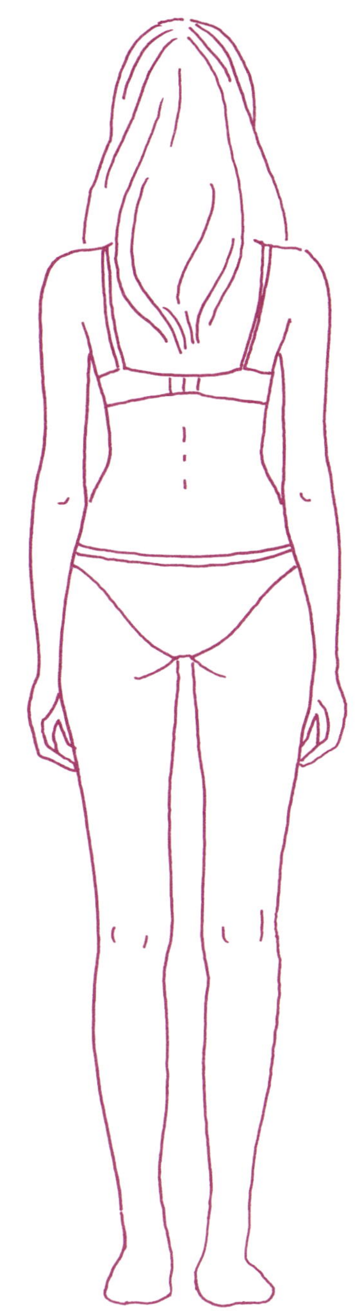

OBEN RUM

Wenn die Brüste wachsen und eine andere Form bekommen, beginnt bei Mädchen ein neuer Lebensabschnitt. Manche betonen mit Stolz ihre Oberweite, andere wollen nicht darauf angesprochen werden und verstecken ihre Brüste unter weiter Kleidung. Und bei ganz dünnen Mädchen kann es sein, dass da überhaupt nicht viel zu sehen sein wird.

Es ist wie mit der Haarfarbe und -struktur. Die Mädchen, die blonde Locken haben, wünschen sich dunkle glatte Haare und umgekehrt. Und wenn man einen großen Busen hat, findet man kleine Brüste viel besser. Diese Mädchen wiederum schielen oft auf das Dekolleté, das einen großen Busen macht.

Wenn man sich einen Büstenhalter, sprich BH, kaufen will, ist es wichtig, die richtige Größe und Passform zu finden. Mädchen mit viel Brust brauchen einen guten Halt, damit die Brüste nicht hängen und der Rücken entlastet wird. Und natürlich darf der richtige BH nicht zu eng sein oder gar etwas einquetschen. Sich einen BH zu kaufen, der eine zu große Körbchengröße hat und ihn mit Watte oder Socken auszustopfen, ist albern. Mädchen mit wenig Brust können das besser mit gut sitzenden BHs ausgleichen.

Wichtig ist, dass man seine BH-Größe genau kennt und die auch alle paar Monate neu vermisst. Denn da kann sich als Jugendliche schnell einiges ändern. Es gibt im Internet zahlreiche Möglichkeiten, die richtige Größe zu finden, aber wer will, kann das hier auch selbst probieren.

Du brauchst dafür ein Maßband und deinen Kopf oder einen Taschenrechner:

Messe zuerst deinen Oberbrustumfang (1) und deine Unterbrustweite (2), wie auf dem Bild rechts oben beschrieben ist.

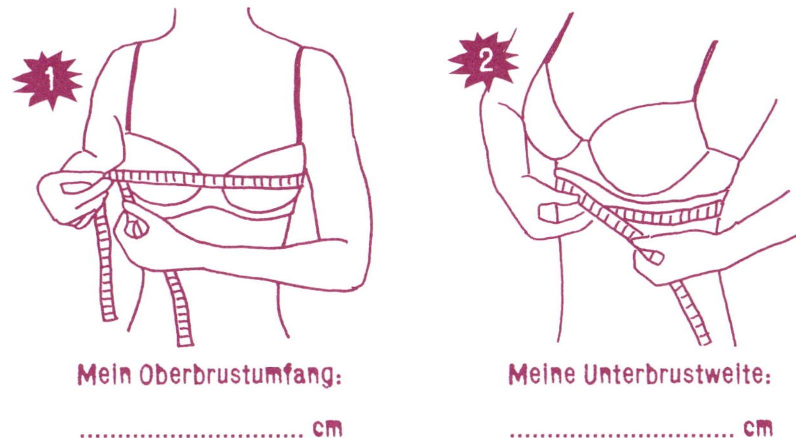

Mein Oberbrustumfang:

.... **cm**

Meine Unterbrustweite:

.... **cm**

Rechne jetzt die Weite des passenden BHs aus. Zähle zu deinem Messergebnis der Unterbrustweite (2) 2,5 Zentimeter dazu und teile die Summe durch 5:

.... + 2,5 = ... : 5 = ... x 5

Das Ergebnis vor dem Komma nimm mal 5 und du hast deine BH-Weite.

Meine BH-Weite: ______________

Jetzt brauchst du noch die richtige Körbchengröße. Die Körbchen werden im Handel auch Cups genannt. Dafür musst du vom Oberbrustumfang deine Unterbrustweite abziehen und noch mal 11 subtrahieren:

Oberbrustumfang (1) .... – Unterbrustweite (2) .... – 11 = ... :2
Teile das Ergenis durch 2. Das auf- oder abgerundete Ergebnis steht für die Stelle des Buchstabens im Alphabet, z. B. 1 = A oder 4 = D.

Meine Körbchengröße: ______________

Ich habe die BH-Größe: 

WELCHER BH PASST ZU MIR

Kreise die BH-Typen ein, die zu deinem Körper passen.

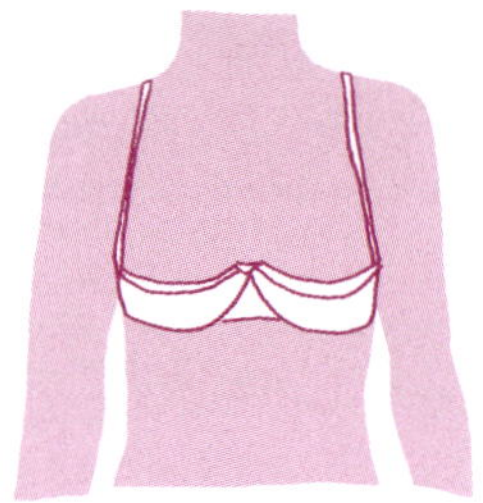

Balconette:
Die Träger sind weit außen und betonen so das Dekolleté. Die Körbchen sind halbe oder ¾-Schalen mit Einlagen.
Geeignet für Körbchengröße A–C.

Trägerloser BH: Dieser BH ist besonders gut für den Sommer oder für Ballkleider geeignet, da der Rückenverschluss weiter unten sitzt. Zusätzlich kann man farblose Träger anbringen. Im Rücken überkreuzt, gibt das ein besonders schönes Dekolleté.
Geeignet für alle Körbchengrößen.

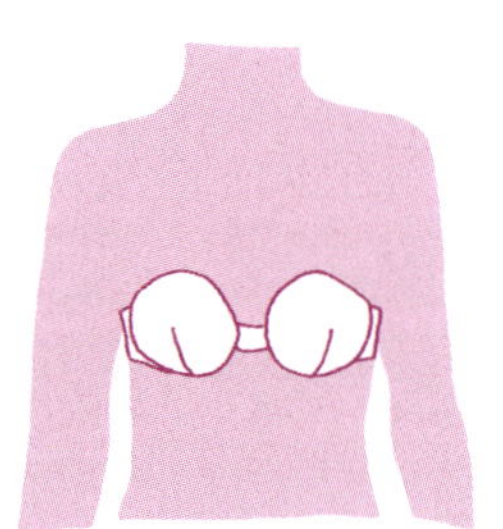

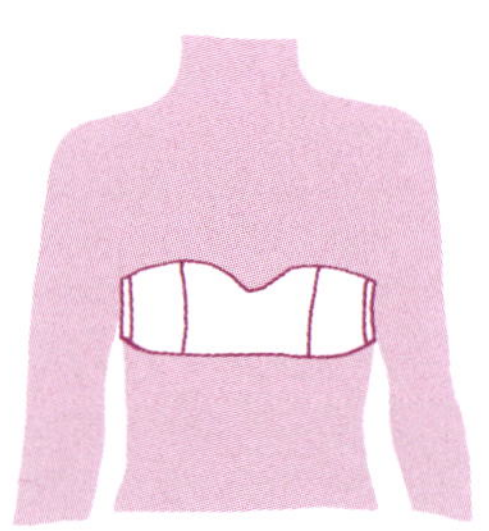

Bandeau-BH: Dieser BH besteht nur aus einem gerade geschnittenen, elastischen Band ohne Verschluss und trägt sich besonders gut unter Sommerkleidern oder Blusen.
Da er wenig Halt gibt, ist er für Mädchen mit großer Oberweite nicht geeignet.

Bügel-BH: Dieser Klassiker hat eingenähte Plastik- oder Drahtbügel unter den Körbchen, die besonders guten Halt geben.
Geeignet für alle Körbchengrößen.

Push-up-BH:

Dieser BH vergrößert den Busen durch eingelegte Schaumstoff- oder Silikoneinlagen. Die Bügel unterhalb der Körbchen geben einen schönen Halt.
Für kleine Körbchengrößen geeignet.

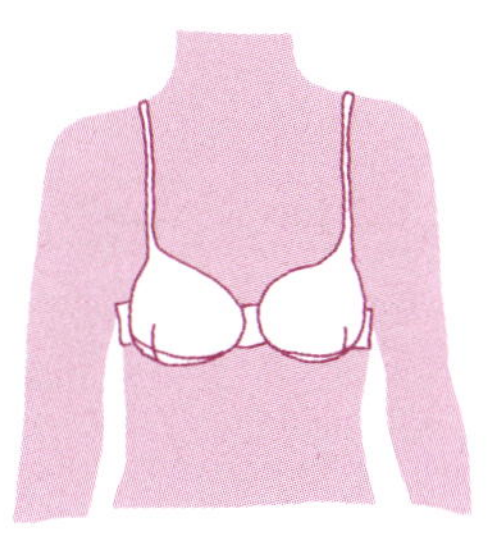

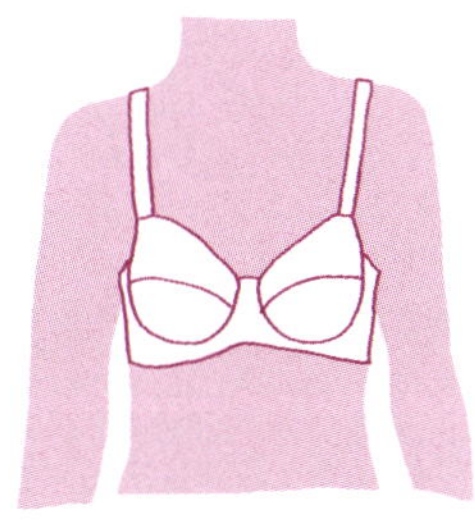

Sport-BH:

Der BH hat zum Stützen extrabreite Träger. Das Material besteht meist aus Mikrofaser und umschließt die ganze Brust für mehr Halt.
Besonders gut für große Körbchen geeignet.

Neckholder-BH:

Der Nackenträger-BH ist eine schulterlose und rückenfreie BH-Variante. Die Träger schließen im Nacken. Es gibt ihn auch mit Einlagen in den Körbchen.
Geeignet für alle Körbchengrößen.

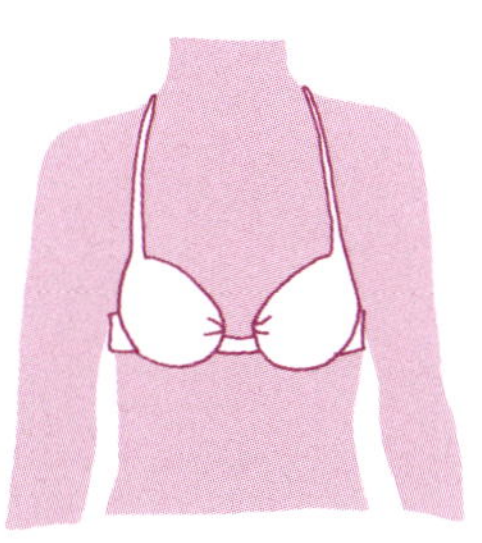

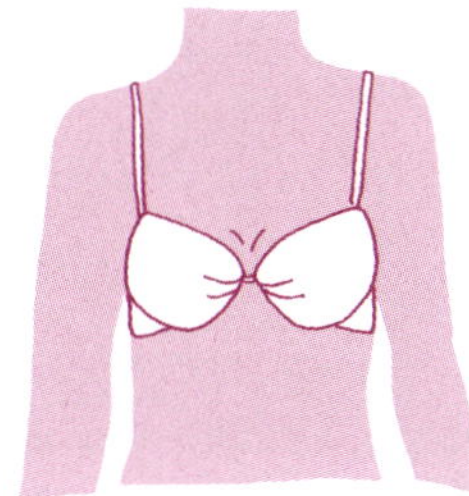

Maximizer-BH:

Dieser BH vergrößert die Brust, weil nicht nur mit Einlagen gepusht wird, sondern auch, weil die kompletten Körbchen verstärkt sind. Bügel geben zusätzlichen Halt.
Für kleine Körbchengrößen geeignet.

OUTFIT FÜR DAS ERSTE DATE

Male, was du zum ersten Date mit deinem Schwarm anziehen würdest.
Du kannst auch Outfits aus Zeitschriften ausschneiden und aufkleben.

AUF DIE PARTY – FERTIG – LOS!

Und wie sieht dein Party-Outfit aus?

MEINE MODE-STATEMENTS

Schreibe deine Lieblingssprüche zum Thema Mode in die Zeichnungen ein!

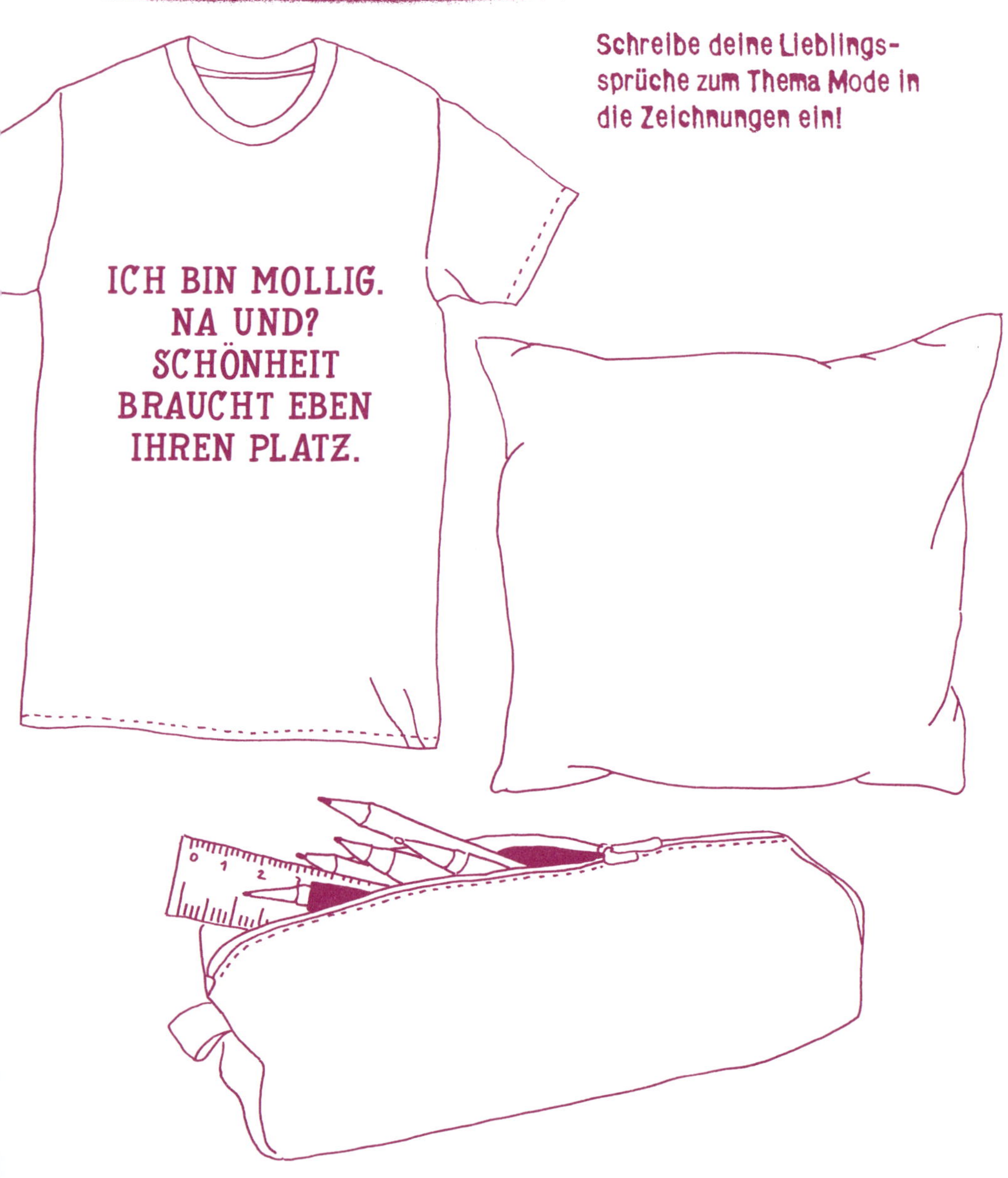

ICH BIN MOLLIG.
NA UND?
SCHÖNHEIT
BRAUCHT EBEN
IHREN PLATZ.

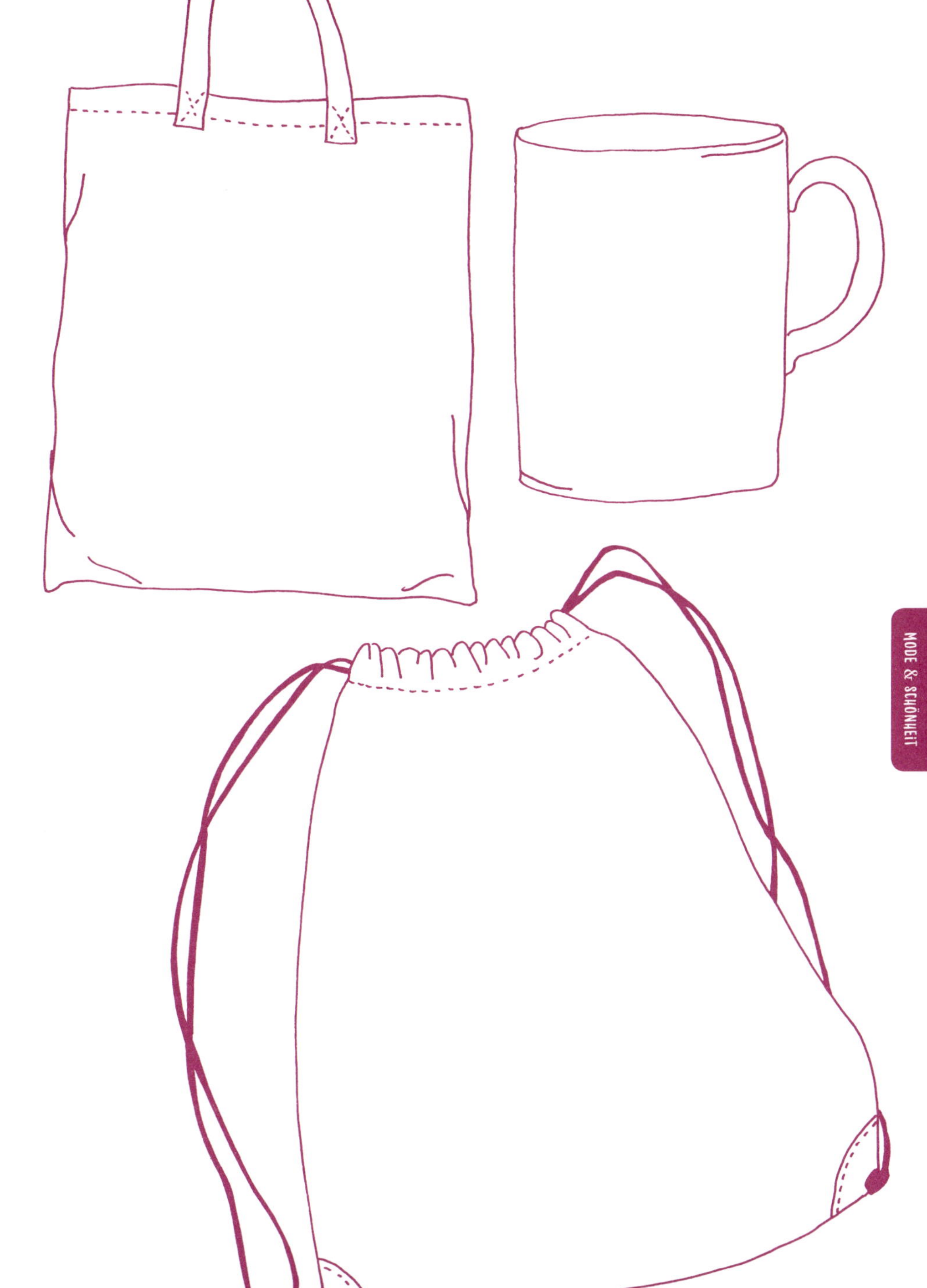

MODEKREUZWORTRÄTSEL

Wenn du dich mit Mode und Kosmetik auskennst und gern Einkaufen gehst, kannst du das Kreuzworträtsel lösen. Ä, Ü und Ö sind ein Buchstabe.

1. Einteiliger Hosenanzug
2. Stiefel, die über das Knie gehen.
3. Familienname der Erfinderin des „Kleinen Schwarzen" und Gründerin einer berühmten französischen Mode- und Parfümfirma
4. Bezeichnung vom Stil weiter geschnittener Damenjeans mit einem lockeren Sitz auf der Hüfte und einem weiten Bein. Der Schnitt wird auch gern von Männern getragen.
5. Ein taillenlanges Oberteil mit Büstenteil, in dem oft Stäbchen zur besseren Stabilisierung eingearbeitet werden. Früher war dieses Teil reine Unterwäsche, heute trägt man es gern als Partyoutfit.
6. Längenbezeichnung für einen Rock, der nicht lang und nicht kurz ist.
7. Eine Fernsehsendung, die Mode und Einkaufen vereint.
8. Kleine Handtasche ohne Henkel oder Träger
9. Stilart eines langen und engen Hochzeitskleides (deutsche Bezeichnung)
10. Winterjacke mit Kapuze im Armee-Stil
11. Kurzes Jäckchen
12. Weitere Unterhosen für Männer
13. Shirt mit Kragen, Knopfleiste und einem elastischen Ärmelbündchen
14. Unterhose, die das Gesäß nur sehr knapp bedeckt und einen schmalen Hüftstreifen hat.
15. Stift, den man zur Umrandung der Augen auf dem Ober- und/oder Unterlid aufträgt.
16. Andere Art des Lippenstiftes, oft transparent oder schimmernd
17. Anderes Wort für Wimperntusche
18. Kosmetische Behandlung, bei der die oberen Hautschichten mit einer körnigen Substanz gereinigt werden.
19. Kosmetische Pflege und Behandlung der Hände
20. Kosmetische Pflege und Behandlung der Füße

Ich habe nicht zu viele Klamotten, nur zu wenig Schrank.

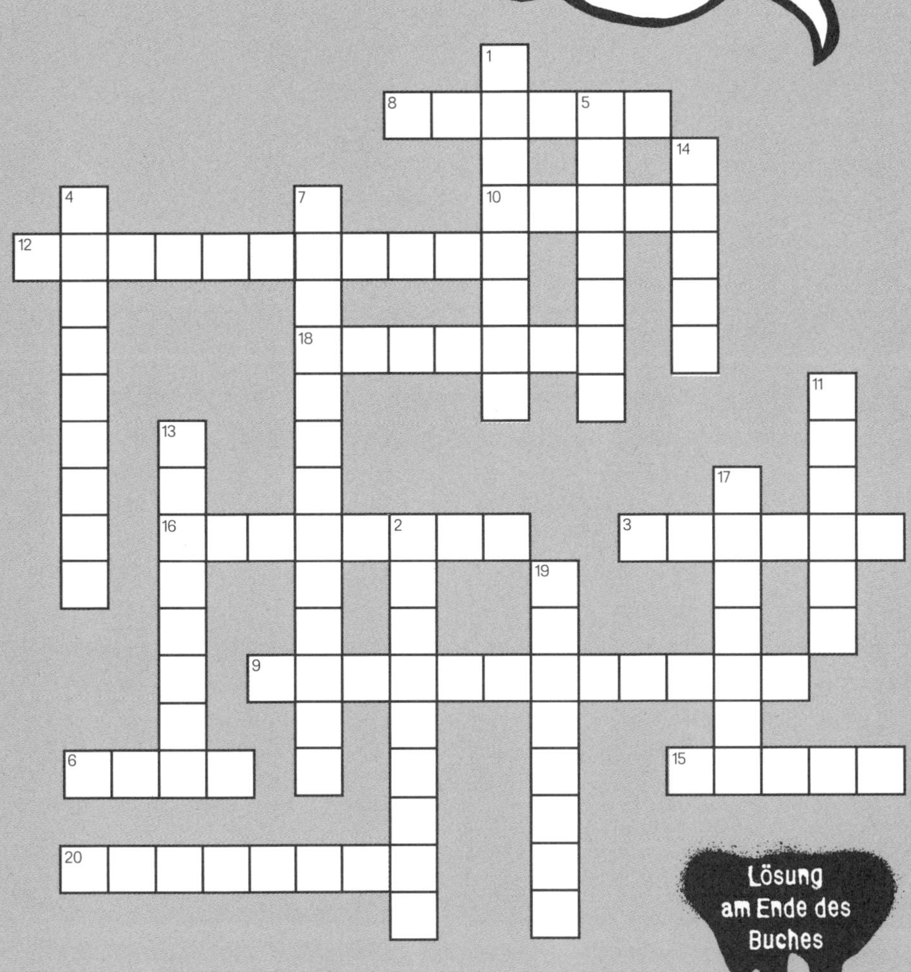

Lösung am Ende des Buches

ACH, IST DAS HAIRLICH!

Male den Köpfen Frisuren und Bärte – je nachdem, ob du Lust oder Frust hast.

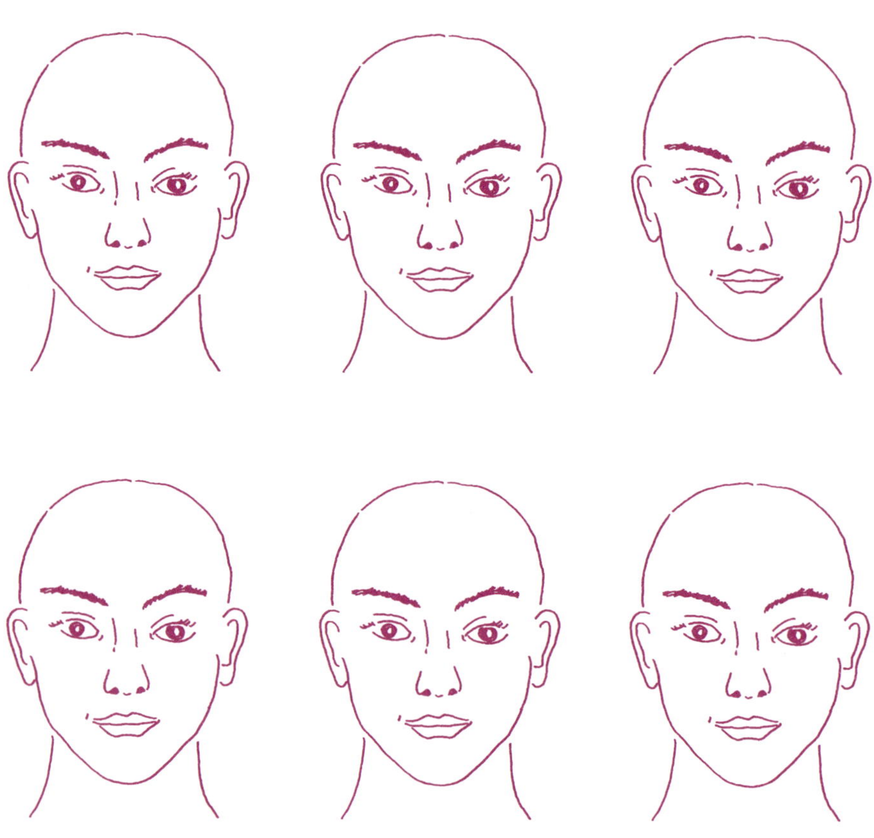

ALLES DRIN!

Die eine stopft Handy, Geld und Busticket in die Hosentasche, die andere trägt ihr halbes Eigentum in einem Big Shopper mit sich rum. Schau in deine Handtasche, deinen Hipsterbeutel oder in deine Stofftasche und schreib auf, was drin ist:

DAS GEHT MIR UNTER DIE HAUT!

In der Pubertät gibt es aufgrund der Hormonumstellung oft richtige Hautprobleme und die Pickel sprießen. Wenn man nicht weiß, was man für ein Hauttyp ist, kann man viel falsch machen und die Haut noch mehr belasten.

Finde mit diesem Kurztest heraus, welcher Hauttyp du bist. Du kannst mehrere Antworten ankreuzen.

- ○ Deine Haut rötet sich bei Kälte.
- ○ Sie juckt oft.
- ○ Sie spannt, als hättest du eine Maske auf.

- ○ Deine Haut sieht blass aus.
- ○ Um die Augen und auf den Wangen ist die Haut trocken.
- ○ Auf Nase, Kinn und Stirn glänzt sie ölig.

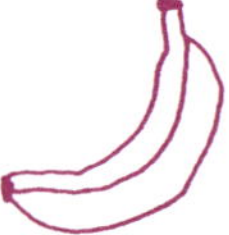

- ○ Eigentlich hast du kaum Probleme mit der Haut.
- ○ Sie schimmert rosig und ist geschmeidig.
- ○ Deine Haut hat kleine Poren.

- ○ Deine Haut ist großporig und glänzt.
- ○ Du hast viele Mitesser.
- ○ Die Haare werden sehr schnell fettig.

Die Auswertung findest du am Ende des Buches

RICHTIG FIES!!!

Musst du mal richtig Frust ablassen?
Dann zeichne dem Gesicht fiese Pickel.

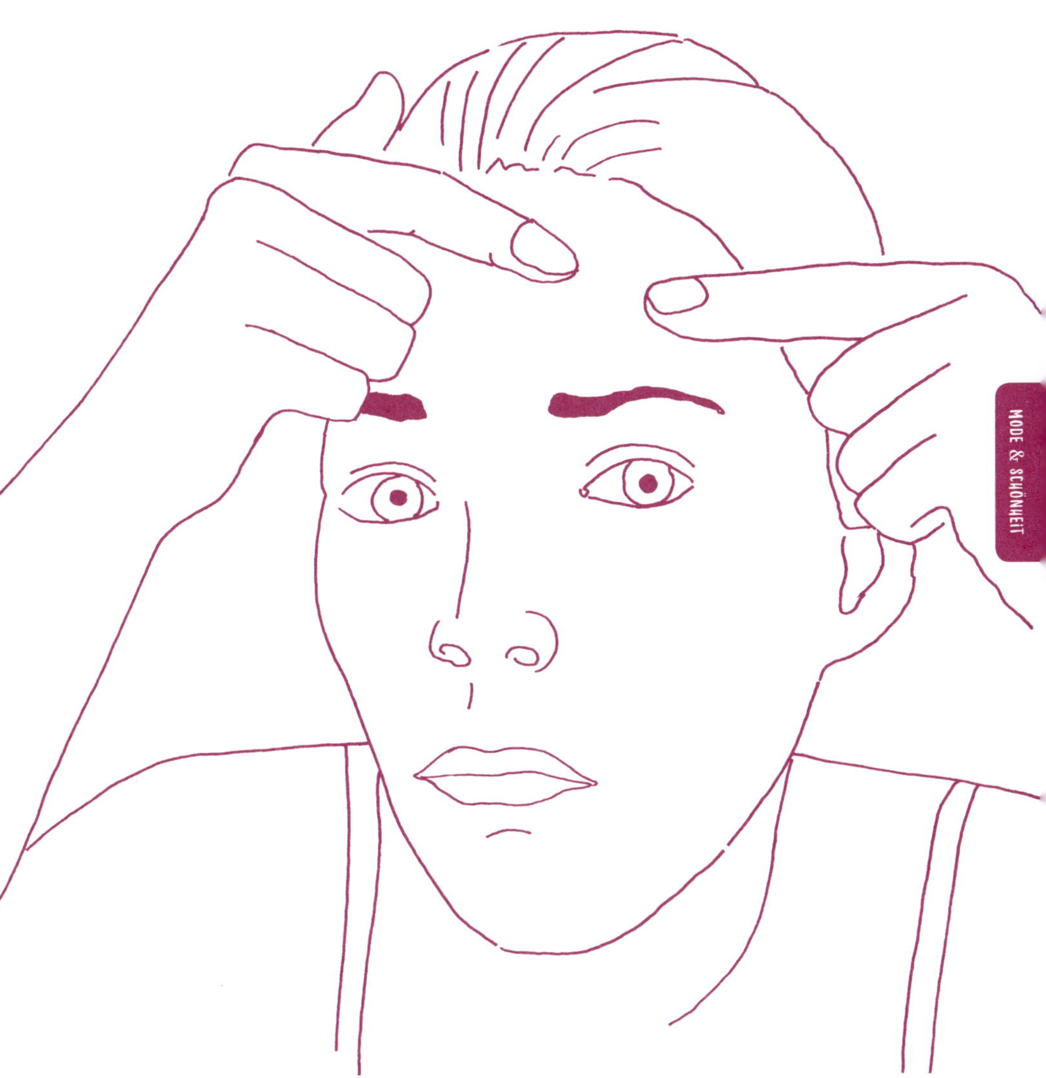

TIPPS ZUR SELBSTHILFE

Ob du schön bist und Geschmack hast, hängt nicht davon ab, ob du sogenannte Idealmaße hast und wie ein Model aussiehst, oder davon was andere Mädchen hinter deinem Rücken tuscheln oder was Jungs gerade toll finden. Shoppe das und zieh an, was du willst und was zu dir passt. Wichtig ist, dass man sich selbst gut findet und nicht, welche Kleidergröße man hat. Betone dabei deine Vorzüge!

Körperpflege und saubere Kleidung machen viel aus. Aber Achtung: Zu viel Chemie ist nicht gut für die Haut. Benutze nicht zu viel Make-up, wenn du eine sensible Haut hast, damit kannst du Rötungen und Unreinheiten verschlimmern und die Pickel zum Sprießen bringen. Werden Pickel zu Akne, sprich mit einem Hautarzt, der kann dir helfen. Wenn du stark transpirierst, kannst du nichts dafür, aber habe immer ein Deo dabei und wechsle häufiger die Klamotten.

Probiere Mode aus und finde deinen eigenen Style. Heute ist in der Mode fast alles erlaubt. Renne nicht jedem Trend hinterher, wenn er gar nicht zu dir passt. Sei mutig und sieh nicht aus wie alle anderen. Shoppen ist natürlich immer eine Geldfrage und Geld hat man als Jugendlicher eher wenig. Kauf daher nicht Masse, sondern Klasse und pimp deine Sachen mit Schmuck und Accessoires auf.

Tolle Klamotten müssen nicht immer neu sein. Es gibt trendige Second-Hand-Läden und Apps mit Angeboten aus zweiter Hand. Trenn dich von Klamotten, die deinen Schrank sprengen: Organisiere einen Flohmarkt oder mach einen Kleidertausch-Nachmittag mit deinen Freundinnen. Jede bringt die Klamotten mit, die ihr nicht mehr passen oder die sie nicht mehr mag – und schwupp, ist die Langeweile raus aus deinem Schrank und neue Klamotten sind drin.

Persönlichkeit lässt sich nicht photoshoppen.

„Ich spare Papier und mache keine Hausaufgaben."

LEHRER UND SCHÜLER PASSEN EINFACH NICHT ZUSAMMEN

Die Schule ist so ein Ding mit zwei Seiten: Auf der einen Seite sind da viele Freunde, aber auf der anderen Seite nerven die Lehrer mit Lehrstoff, den man niiiiie wieder braucht – das wird sich allerdings erst im späteren Leben zeigen. Und auch wenn es uncool ist zu sagen: Schule kann auch Spaß machen – wenn man die richtigen Lehrer hat, gute Freunde zum Quatschen und in den Pausen einen Schwarm zum Anhimmeln. Leider ist das nicht immer der Fall.

Lehrer scheinen oft grundlegend anderen Interessen nachzugehen als Schüler. Das gibt Probleme. Es kann aber auch passieren, dass lernwillige Schüler von den Störungen der Mitschüler abgelenkt werden. Das ist auch unschön. Und dann gibt es noch die Schüler, die wirkliche Angst vor der Schule haben, weil sie von Lehrern oder Mitschülern gemobbt werden. Hier hört der Spaß auf! Das muss und darf sich keiner gefallen lassen!

Auf den nächsten Seiten hast du endlich mal die Gelegenheit, offen und ehrlich zu schreiben oder zu zeichnen, was du von der Schule und den Lehrern denkst. Nimm kein Blatt vor den Mund und lass deinen Frust raus – wenn du welchen hast. Wenn du gern zur Schule gehst, wirst du hier auch deinen Spaß haben.

Wenn die Schule kein Ort zum Schlafen ist, dann ist das Zuhause auch kein Ort zum Lernen

SCHULE IST FÜR MICH ...

Kreuze an, was dir Schule bedeutet.

	immer	oft	manchmal	selten	nie
Ablenkung von zu Hause					
Austauschmöglichkeit					
Bildungsstätte					
Bücherparadies					
Die Hölle					
Folterkammer					
Herausforderung					
Himmel auf Erden					
Laufsteg					
Lebenshilfe					
Lehreranstalt					
Liebeskarussell					
Pflichtveranstaltung					
Raum des Vertrauens					
Schlafstätte					
Spaß-Sport-Spiel					
Treffpunkt mit Freunden					
Unterforderung					
Vorbereitung auf das Leben					
Zeitvertreib					

GOOD TEACHER – BAD TEACHER

Wer von deinen Lehrern ist ein guter Lehrer, wer ist so mittel und wer hat – deiner Meinung nach – den Beruf verfehlt? Schreibe die Namen deiner Lehrer in die entsprechende Spalte.

ENTSPANNUNGSÜBUNG

Schreibe den Satz in Schönschrift nach, bis alle Zeilen voll sind.

Schönschrift

Ich gehe gern zur Schule!

SCHULKLO-POESIE

Schreibe hier deine Schulklo-Lieblingssprüche auf!

Ich bin nicht dumm.
Ich habe nur Pech
beim Denken.

Liebe Mathematik,
ich bin es müde, immer
wieder deine Unbekannte
„x“ zu suchen. Akzeptiere
endlich, dass sie weg ist,
und schau nach vorn.
Kopf hoch!

DAS MUSS MIT IN DIE SCHULE

Finde waagerecht, senkrecht und diagonal zehn Teile, die unbedingt in eine Schultasche gehören. Hast du alles eingepackt?

B	W	E	R	T	Z	U	I	O	F	Ü	L	L	E	R
P	R	Ü	L	Ö	J	H	K	H	G	D	S	A	F	A
Y	Ä	O	X	B	L	E	I	S	T	I	F	T	C	D
V	B	N	T	M	N	B	V	G	H	J	K	U	Z	I
R	E	F	G	D	S	A	U	Z	S	N	Z	H	Ä	E
P	O	P	O	N	O	M	B	F	C	G	S	A	T	R
Y	X	B	B	F	R	S	G	H	H	T	Z	Ö	M	G
D	S	A	S	G	B	K	E	L	U	Ü	P	E	R	U
Q	N	U	Z	V	B	G	H	R	L	R	T	Z	U	M
O	L	G	J	L	H	E	R	T	B	G	F	B	M	M
P	I	R	B	M	E	C	H	L	U	L	K	U	L	I
N	N	A	Q	C	F	Ü	B	R	C	K	A	L	T	Z
F	E	D	E	R	T	A	S	C	H	E	W	A	S	X
M	A	L	D	V	G	B	H	N	M	J	J	K	L	R
Q	L	H	W	A	S	T	E	Z	I	R	K	E	L	M

Lösung am Ende des Buches

EIN BISSCHEN SPASS MUSS SEIN …

… und solange man keinem wehtut, kann man einem Lehrer auch mal einen Streich spielen. Trotzdem denk besser vorher darüber nach, ob deine Lehrer genug Humor dafür haben. Gut ist immer, wenn alle Schüler mitmachen, dann tragen alle zusammen die Verantwortung für eventuelle Konsequenzen.

Hier hast du ein paar Vorschläge:

1. Euer Lehrer oder eure Lehrerin wird extrem unsicher, wenn ihr alle eine Stunde lang nichts sagt und es auch ganz still im Klassenraum ist.
2. Streich die Tafel mit Zitronensaft oder ganz viel Spülmittel ein, dann ist sie unbeschreibbar.
3. Zwei Reißnägel unten und oben in die Tafelkreide und es quietscht zum Weglaufen beim Schreiben.
4. Legt auf den Lehrertisch eine echt aussehende Gummispinne und darüber das Klassenbuch. Wenn das hochgenommen wird, ist der Schreck groß.
5. Der Klassiker: Haargel, Zahnpasta oder Ketchup unter die Türklinke streichen.
6. Die erste Reihe setzt sich mit dem Blick nach vorn, die zweite zur Seite und die dritte mit dem Blick nach hinten. Das immer mit jeder weiteren Reihe wiederholen. Wenn der Lehrer sagt: „Dreht euch um!", wechselt jeder seine Position um 90 Grad.

Der Lehrer hat 'nen Chemiewitz erzählt. Keine Reaktion.

TIPPS ZUR SELBSTHILFE

Schule ist Pflicht. Da führt kein Weg dran vorbei. Du musst hin! Eine generelle Unlust macht es nicht leichter. Stell dir eine Sache vor, auf die du dich in der Schule freuen kannst: die Freundin, der Kumpel, dein Schwarm, die große Pause, vielleicht sogar das Lob, weil die letzte Klassenarbeit gut ausfiel oder weil du dich super auf das Referat vorbereitet hast. Dann fällt dir der Weg dorthin gleich viel leichter.

Je mehr du dich der Schule verweigerst, umso mehr Probleme wirst du haben. Und am doofen Lehrerspruch „Man lernt fürs Leben und nicht für die Schule!" ist leider was dran. Es geht nicht immer darum, ob man die höhere Mathematik später noch braucht oder Goethe lesen wird, sondern ob du deinen Kopf fürs Denken trainierst.

Wenn du ernsthafte Probleme mit der Schule hast, weil dich Lehrer schlecht behandeln oder Mitschüler mobben, ist das etwas ganz anderes. Das musst und darfst du dir nicht gefallen lassen. Mobbing kann körperliche und seelische Krankheiten zur Folge haben. Wer so etwas beobachtet, sollte das Opfer ermutigen, den Vorfall zu melden oder sich an eine Vertrauensperson zu wenden. Es gibt für jedes Problem eine Lösung.

Ansonsten freu dich auf das, was dir an der Schule Spaß macht, und versuch, mit dem anderen Teil klarzukommen.

Schule ist cool. Nur die Stunden zwischen den Pausen nerven.

„Der Geist ist willig, doch der Körper chillig."

FRUST UND LUST IN DER FREIZEIT

Um 6 Uhr aufgestanden, acht Stunden Schule und jetzt noch zum Sportverein, zur Musikschule oder zur Pferdekoppel? Danach noch Hausaufgaben machen und die Eltern wollen, dass man im Haushalt hilft. Puh, der Tag ist ganz schön voll. Oft hat man ü-b-e-r-h-a-u-p-t keine Lust, sich noch mal für Sport, Musik und Spiel aufzuraffen. Aber der neue Fußballverein macht schon Spaß, die beste Freundin geht doch auch zum Ballett und der Saxofon-Lehrer an der Musikschule ist voll süß. Wenn nur das Üben nicht wäre ...

So geht es den meisten Schülern, die nach dem Unterricht noch aktiv sein wollen. Es gibt ein Riesenangebot an Freizeitaktivitäten, und man könnte jeden Nachmittag der Woche außer Haus verbringen. Aber abgesehen davon, dass das kostspielig ist, ist es eigentlich sinnvoll, wenn man jeden Tag aktiv ist? Wie viel Ausdauer braucht man dafür? Und was ist der Unterschied zwischen Langeweile und Erholung? Wo bekommt man Motivation zum Durchhalten her? Und wann ist es wirklich höchste Zeit zu sagen: „Mir wird das zu viel, ich brauche eine Pause!"?

Finde auf den nächsten Seiten raus, ob du ein Freizeit-Junkie, ein Hobby-Normalo oder ein Nachmittags-Chiller bist, und überlege, ob du mit dieser Erkenntnis glücklich bist oder ob du andere Freizeitentscheidungen treffen solltest.

Manchmal habe ich ja den Eindruck, meine Entscheidungen treffen sich ohne mich.

WIE VIEL ZEIT BLEIBT?

Trage die Zeiten deiner Schulwoche ein. An welchen Tagen hast du besonders wenig Zeit für dich?

	Montag	Dienstag	Mittwoch	Donnerstag	Freitag
Schulschluss:					
Zu Hause um:					
Schularbeiten von – bis:					
Hausarbeit in der Familie von – bis:					
Freizeit von – bis:					
Ins Bett gehen:					
Zeitdruck:					

FREIZEITVERGNÜGEN

Was machst du ganz privat nach der Schule? Kreuze auch hier an, schreibe auf und ergänze, wie viele Stunden du an welchen Tagen damit verbringst.

	Mo	Di	Mi	Do	Fr	Sa	So
Babysitten							
Basteln							
Chatten und Videos anschauen							
Chillen							
Fernsehen							
Freunde treffen							
Großelternbetreuung							
Handarbeiten							
Internetvideos hochladen							
Musik machen							
Nachhilfeunterricht geben							
Programmieren							
Schlafen							
Shoppen							
Wandern							
Zocken							

Was machst du nach der Schule in einem Kurs oder in einer Gruppe? Kreuze an, schreibe auf und ergänze, wie viele Stunden du an welchen Tagen damit verbringst.

	Mo	Di	Mi	Do	Fr	Sa	So
Seniorenhilfe							
Ballett							
Bildhauen							
Instrument üben							
Chor							
Flüchtlingshilfe							
Gesang							
Kinderfreizeitbetreuung							
Malerei							
Modellbau							
Naturfreunde							
Pfadfinder							
Schneidern							
Sport							
Tierschutzbund							
Töpfern							
Werken							
Zirkus							

„VIEL ZU VIEL“ VS. „PURE LANGEWEILE“

Bist du täglich unterwegs? Hast du noch Zeit zum Chillen? Ist dir der Kurs zu anspruchsvoll? Siehst du deine Freunde kaum noch? Möchtest du ein ganz anderes Instrument lernen – wollen nur deine Eltern das und du gar nicht? Ist dir nachmittags eigentlich immer langweilig, weil du nur zu Hause auf dem Bett liegst, oder ist es toll, jeden Tag etwas anderes zu machen, sich zu bewegen und immer mit anderen Leuten zusammen zu sein?

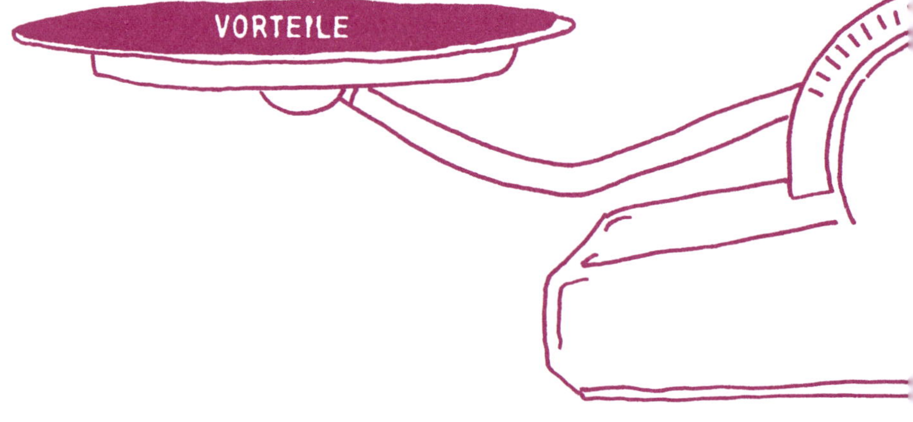

Schreibe die Vor- und Nachteile deines Freizeitverhaltens auf die Waagschalen und schätze dann ein, ob du etwas daran ändern solltest.

Was meinst du, bist du? Kreuze an:

- ◯ ein Freizeit-Junkie
- ◯ ein Hobby-Normalo
- ◯ ein Nachmittags-Chiller

FÜR FREIZEIT-JUNKIES

Entwirf ein Türschild, das den Leuten zeigen soll, dass du jetzt echt mal Zeit zum Chillen brauchst!

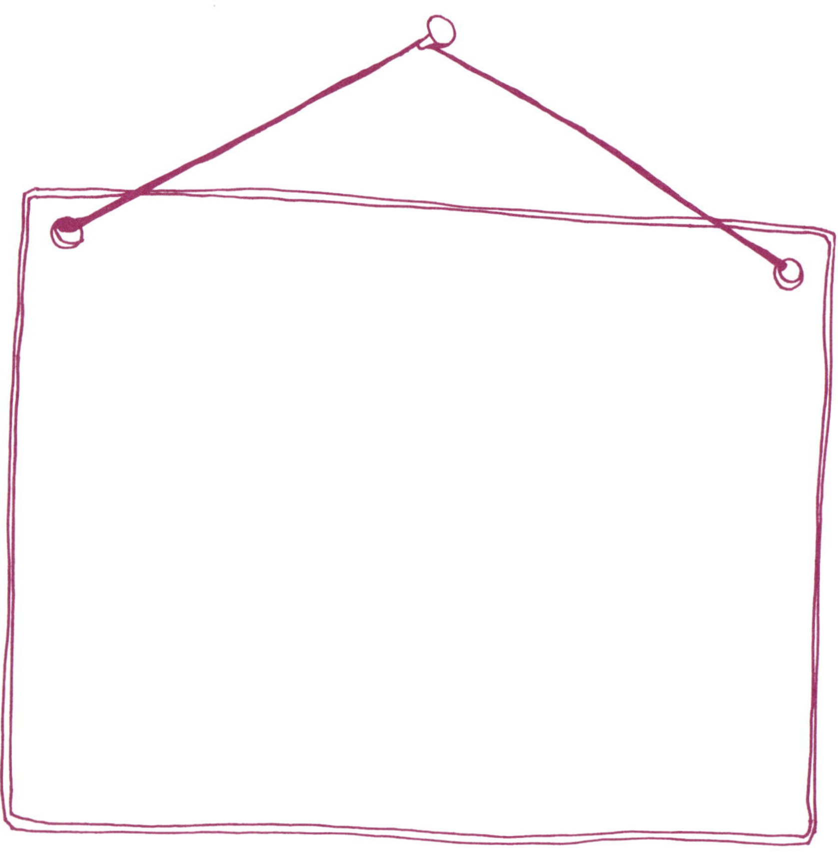

FÜR HOBBY-NORMALOS

Wie voll ist dein Freizeitglas mit aktiver Beschäftigung? Male es aus!

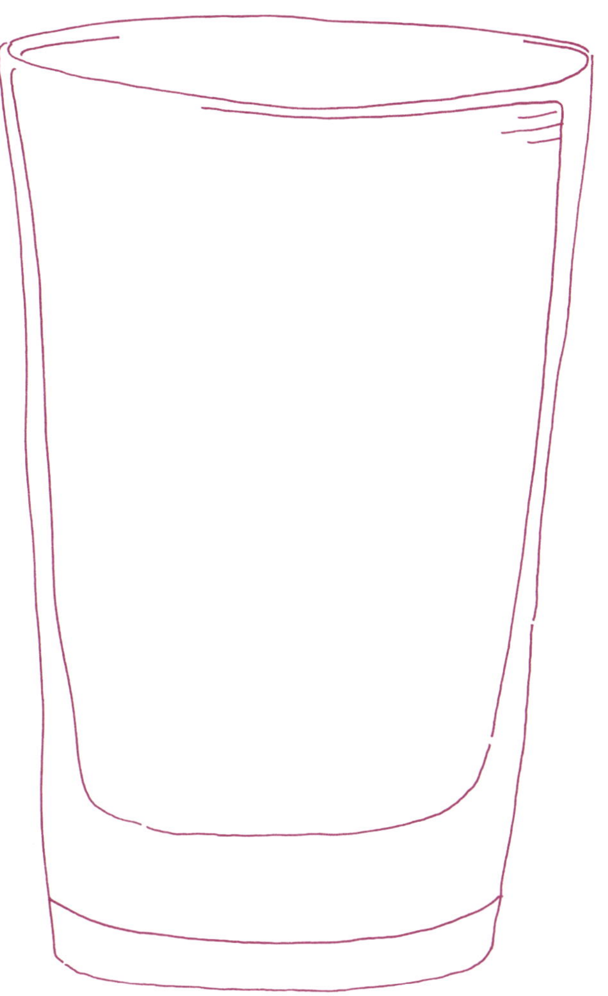

FÜR NACHMITTAGS-CHILLER

Wenn du könntest, wie du wolltest, was würdest du dann gern tun?

WELCHER SPORTTYP BIST DU – ODER WILLST DU MAL WERDEN?

Kreuze die Sportarten an, die dir am meisten liegen, und streiche die durch, die du gar nicht magst.

- ○ Aerobic
- ○ American Football
- ○ Badminton
- ○ Ballett
- ○ Basketball
- ○ Billiard
- ○ Bogenschießen
- ○ Bowlen
- ○ Boxen
- ○ Dart
- ○ Eiskunstlauf
- ○ Eisschnelllauf
- ○ Fechten
- ○ Fußball
- ○ Gewichtheben
- ○ Handball
- ○ Inlineskaten
- ○ Joggen
- ○ Judo
- ○ Karate
- ○ Kickboxen
- ○ Klettern
- ○ Krafttraining
- ○ Kunstturnen
- ○ Nordic Walking
- ○ Leichtathletik
- ○ Paddeln
- ○ Parkour
- ○ Radfahren
- ○ Reiten
- ○ Rudern
- ○ Schwimmen
- ○ Taekwando
- ○ Tanzen
- ○ Tennis
- ○ Tischtennis
- ○ Wandern

DURCHHALTEN!

Wenn du ein Motivations-Tief hast, löse das Bilderrätsel und schreibe den Satz auf!

1, 2, ~~3~~

……. …….

~~1~~, ~~2~~, 3, 4, 5, ~~6~~, ~~7~~

……. ……. …….

1=d, 2, ~~3~~, ~~4~~

……. …….

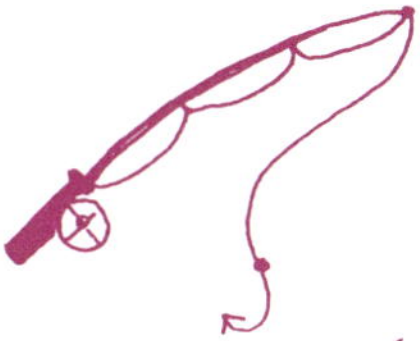

1, 2, 3, 4, ~~5~~

……. ……. ……. …….

~~1~~, ~~2~~, ~~3~~, 4, 5, 6, ~~7~~

……. ……. …….

~~1~~, ~~2~~, 3, 4, 5

……. ……. …….

1, 2, ~~3~~, ~~4~~

……. …….

1, 2, ~~3~~, ~~4~~, ~~5~~, ~~6~~

……. …….

Lösung am Ende des Buches

Lösungssatz:

\- - - - - - - - - - - - - - - - - - - - -,

\- - - - - - - - -, - - - - - - -

\- - - - - - - - - - - - - -.

VOLLTREFFER!

Welcher Spruch trifft auf dich zu?

Ich höre nicht auf, wenn ich müde bin. Ich höre auf, wenn ich fertig bin.

Schmerz geht vorüber. Stolz bleibt für immer.

Ich mache sehr gern Sport. Deshalb auch so selten, es soll ja etwas Besonderes bleiben.

Ich wollte heute wirklich was machen, aber es sah fünf Stunden so aus, als ob es gleich anfangen würde zu regnen.

EIN TAG OHNE SPORT IST WIE SHOPPEN OHNE GELD.

Ich habe meine Jogginghose in die Waschmaschine getan, damit sie weiß, was Bewegung ist.

Ich laufe jetzt jeden Abend zweimal um den Block. Man soll ja vorsichtig starten, deshalb wähle ich erst mal einen im DIN-A5-Format.

Wie langsam du auch läufst - du läufst viel schneller als die, die zu Hause bleiben.

TIPPS ZUR SELBSTHILFE

Freizeit ist für dich da und soll dir Spaß machen. Wichtig ist, dass du bei allem, was du machst, mit dir selbst zufrieden bist. Horch mal in dich rein, was dein Gewissen sagt. Ist dort ein kleiner Schweinehund, der dir zuflüstert: „Du bist müde von der Schule, leg dich aufs Bett und chille!"? Oder lebt in dir ein Rennhamster, der dir einredet, du musst jeden Tag was machen, sonst ist alles sinnlos?

Finde ein gesundes Maß zwischen aktiver Freizeitbeschäftigung und Tiefenerholung. Gönn dir mal einen Nachmittag richtig freie Zeit, die nicht verplant ist. Jeden Tag einen Kurs zu besuchen oder Sport zu treiben, ersetzt nicht die Zeit, die man für sich allein hat oder die man mit Freunden beim Eisessen verbringt. Wenn du merkst, es wird dir zu viel, fast jeden Tag nach der Schule unterwegs zu sein, dann rede mit deinen Eltern – auch wenn du zum Beispiel die Sportart oder das Musikinstrument wechseln möchtest. Allerdings gehört generell Ausdauer und Motivation dazu, um Ergebnisse zu erzielen. Also nicht immer gleich aufgeben und zum nächsten Vorhaben stürmen!

Bist du allerdings jeden Nachmittag nur zu Hause in deinem Zimmer, solltest du dir überlegen, was du wenigstens an einem Nachmittag aktiv machen kannst. Geh mit einer Freundin zum Kurs oder schau mal im Internet nach, was dein Wohnort so bietet. Viele Aktivitäten sind gar nicht so teuer oder sogar kostenlos und können sich auch Familien mit wenig Geld erlauben.

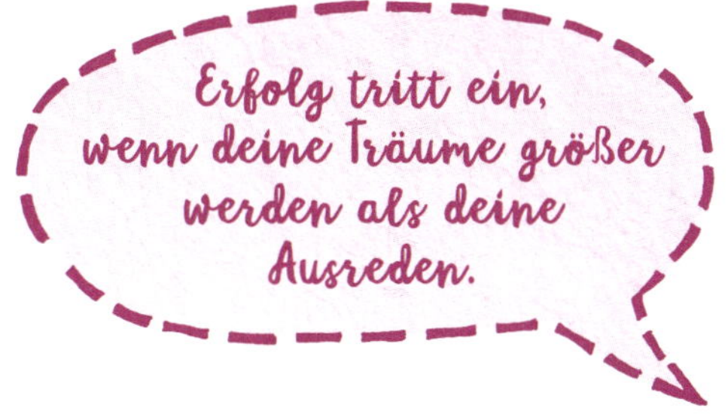

Erfolg tritt ein,
wenn deine Träume größer
werden als deine
Ausreden.

„Passwörter sind wie Unterwäsche. Du darfst sie keinen sehen lassen, musst sie regelmäßig wechseln und solltest sie nicht mit Fremden tauschen."

IM NETZ MOBIL IN ALLEN LEBENSLAGEN

Dass es eine Zeit ohne Smartphone und Internet gab, kann man sich gar nicht mehr vorstellen. Wie hat man sich damals verabredet? Wie hat man sich mit seinen Freunden ausgetauscht, wenn jede Familie höchstens ein Telefon hatte? Wie hat man den Weg ohne GPS gefunden? Unvorstellbar, dass das Leben damals funktioniert hat.

Trotz der unendlichen Erleichterung, die das Internet heute bietet, meckern die Eltern, dass man viel zu lange im Netz ist, zu lange zockt und ständig das Smartphone in der Hand hat. Dabei schauen sie selbst oft genug drauf. Und ist es wirklich so schlimm, wenn man ganz private Fotos postet? Die sehen doch nur Freunde und man kann sie auch wieder löschen.

Ganz so einfach ist das leider nicht. Was ein Mal im Internet ist, kann schnell verbreitet werden und ist nicht mehr kontrollierbar. Dann kann es passieren, dass private Nachrichten oder Fotos für immer im Netz rumschwirren und für die Öffentlichkeit sichtbar werden. Das hat oft böse Folgen und ist nicht rückgängig zu machen.

Viele glauben, dass alles, was im Internet steht, wahr ist. Egal auf welchen Seiten. Das stimmt so nicht. Viele davon sind Fake-Nachrichten, die bewusst falsch ins Netz gestellt wurden, um Stimmung gegen einen Menschen oder eine Sache zu machen. Selbst auf Lexika-Seiten wie Wikipedia sollte man sich nicht hundertprozentig verlassen. Jeder darf dort Einträge verfassen. Ob die immer ganz genau stimmen, weiß keiner. Manchmal ist es gar nicht so schlecht, ein Buch zur Hand zu nehmen.

Und nicht vergessen: Es gibt auch eine schöne, bunte und interessante reale Welt mit Menschen und Dingen zum Anfassen.

Dieselbe Mutter, die mir gesagt hat, ich soll nicht so viel im Internet zocken, hat mir gerade 32 Anfragen in Candy Crush geschickt.

MEINE ONLINE-WELT

Hast du ein

○ Handy ○ Smartphone ○ Rechner ○ Laptop ○ Tablet

Wie darfst du diese Geräte nutzen:

○ ohne Einschränkung ○ nur mit Erlaubnis der Eltern
○ mit zeitlicher Einschränkung
○ mit Eltern oder Geschwistern teilen

Mit wie vielen Jahren durftest du ins Internet: ....

Mit wie vielen Jahren konntest du das Internet ohne Aufsicht nutzen:

....

Wann hast du dein erstes Handy/Smartphone bekommen: ....

Gibt es in deiner Klasse Mitschüler, die kein Smartphone haben?

○ ja ○ nein

Hast du ein Handy/Smartphone mit

○ Vertrag oder einer ○ Prepaidkarte?

Wer bezahlt das? ....

Hast du dein Smartphone immer bei dir? ○ ja ○ nein

Gibt es deshalb manchmal Stress mit Eltern oder Lehrern?

○ sehr viel ○ manchmal ○ selten ○ nie

Wie oft schaust du auf dein Smartphone? ◯ alle paar Minuten
◯ alle paar Stunden ◯ nur wenn es sich bemerkbar macht

Bist du in der Schule online?
◯ ja, natürlich ◯ seltener ◯ nie

Darfst du dein Smartphone in der Schule nutzen?
◯ ja ◯ nein ◯ manchmal

Wenn nicht, bist du dann trotzdem on? ◯ ja klar ◯ lieber nicht

Wo nutzt du es in der Schule? ....

Wozu brauchst du es in der Schule:

◯ Langeweile
◯ Internetrecherche
◯ Übersetzen
◯ Wichtige Nachrichten checken
◯ Taschenrechner
◯ Verabredungen

Teile die Nutzung deines Smartphones in Prozenten auf.
Zusammen muss alles 100% ergeben.

Telefonieren: ____ % SMS: ____ % WhatsApp: ____ %

Instagram: ____ % Snapchat: ____ % Facebook: ____ %

Mails: ____ % Internet: ____ % Anderes: ____ %

Warum sollte man drei Minuten telefonieren, wenn man das auch in acht Stunden auf WhatsApp klären kann?

ICH BIN ON!

Home is where WIFI connects automatically.

Male die Tortenstücke mit den Uhrzeiten rot aus, in denen du immer online, und blau, in denen du meistens im Netz bist.

Wie viele Stunden sind das täglich ungefähr? _____ Stunden

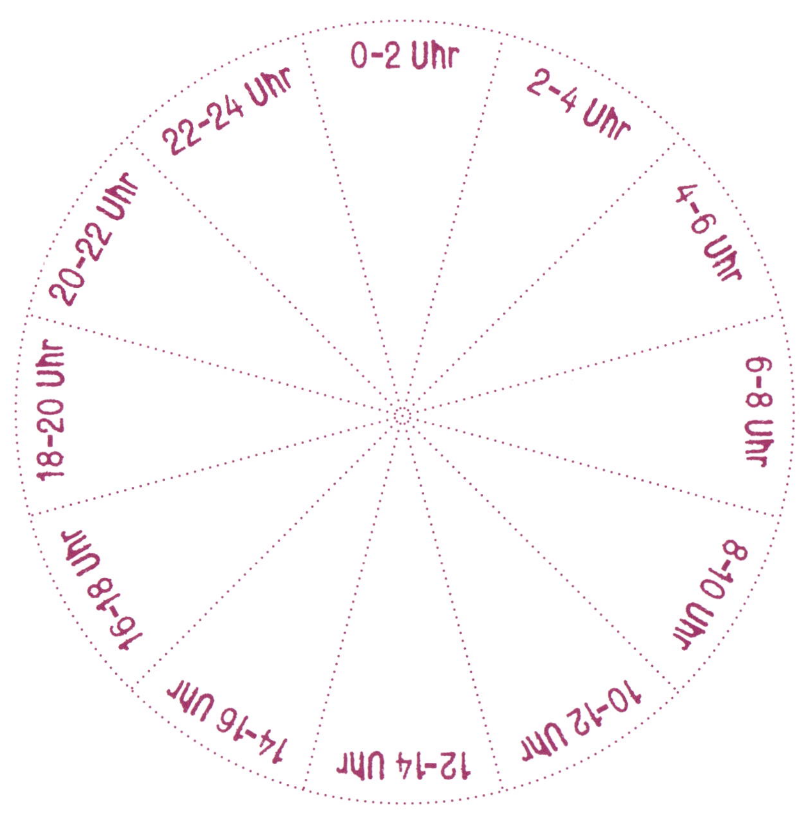

MEINE ONLINE-FAVORITEN

Schreibe die Top Ten der Websites auf, die du am häufigsten besuchst.

1. ....

2. ....

3. ....

4. ....

5. ....

6. ....

7. ....

8. ....

9. ....

10. ....

Wird das Internet eigentlich leichter, wenn man sich was runterlädt?

KREATiV iM NETZ

Kreiere einen passenden Namen für folgende Blogs:

Backen: ....

Fitness: ....

Fotografieren: ....

Gemüseanbau: ....

Handarbeiten: ....

Hundebabys: ....

Kosmetiktipps: ....

Naturwunder: ....

Plus-Size-Mode: ....

Politik & Geschichte: ....

Promi-Tratsch: ....

Reptilienpflege: ....

Töpfern: ....

Ungeheuer und Phänomene: ....

Vegan Kochen: ....

Wellness: ....

Wohnungsdekoration: ....

DER SMARTPHONE-KUSS

Auf einer Messe in London mit dem Thema „Liebe und Roboter" wurde der *Kissenger* vorgestellt. Das ist eine Art Smartphone-Hülle mit einem Screen. Dieser überträgt den Druck der Lippen auf den Kuss-Screen des Partners. Wenn der dann seine Lippen auf seinen Screen legt, soll man ein Kussgefühl spüren.

Ob der *Kissenger* das reale Kuss-Gefühl bei Fernbeziehungen ersetzen kann? Vielleicht ist das Ding auch für Eltern gemacht, die die Küsse ihrer Teenager-Kinder vermissen und so wenigstens einen virtuellen Schmatzer bekommen ☺.

Schreibe Tätigkeiten oder Dinge auf, die in der realen Welt viel schöner sind als online/im Netz:

1. ....
2. ....
3. ....
4. ....
5. ....
6. ....
7. ....
8. ....
9. ....
10. ....

WAS IST DENN DAS?

Musik hören, Simsen, Streamen, Posten und Googeln gab's nicht immer. Manche Menschen waren noch vor 30 Jahren froh, überhaupt ein Telefon zu Hause zu haben. Verbinde immer ein Gerät mit der entsprechenden Zeit, aus der es stammt.

Telefon:
1920

Tonbandgerät:
1950

Kassettenrekorder:
1970

Wählscheiben-telefon: 1970

Super-8-Kamera:
1970

Schallplatten-spieler: 1950

Walkman:
1980

CD-Walkman/
Discman: 1984

Ghettoblaster:
1985

Handy:
1990

MP3-Player:
1998

Klapphandy:
2005

Lösung am Ende des Buches

CYBERMOBBING

Fast jeder fünfte Teenager ist in Deutschland schon mal Opfer von Mobbing im Internet geworden. Mobbing ist immer fies, aber im Netz besonders, weil die Täter vollkommen feige anonym agieren können. Wenn du im Netz gemobbt wirst, suche dir sofort Hilfe und warte nicht lange, auch wenn es dir peinlich ist.

Hier ein paar Tipps, was du vermeiden solltest, damit nichts im Netz rumgeschickt wird, was du nicht willst:

* Stelle keine freizügigen Fotos ins Internet und verschick auch keine, selbst wenn du verliebt bist und dein Schwarm dich darum bittet.
* Gib keine Informationen über dich an Fremde raus und stelle sie schon gar nicht öffentlich ins Netz.
* Smartphones und Computer sind Maschinen, die gepflegt werden müssen. Das heißt, kümmere dich um deine Accounts, benutze Antivirenprogramme, ändere häufig Passwörter und sichere deine Dateien.
* Gib niemals Passwörter weiter und gib auch keinen Freunden Zugang zu deinem Account.
* Hacker können Zugriff auf deine Webcam haben. Klebe sie am besten mit einem Stück Papier und Tesafilm zu, wenn du sie nicht nutzt.
* Glaube nicht alles, was im Internet steht oder in sozialen Medien erzählt wird.
* Beobachtest du Mobbing, sei mutig und melde das sofort!
* Beteilige dich nicht selbst an Mobbingaktionen, sondern halte andere davon ab!

Im Internet kann man alles sein, was man will. Es ist verrückt, dass so viele die Rolle des Arschlochs wählen.

MEIN FAKEPROFIL

Deine Eltern erlauben dir noch nicht, in den sozialen Netzwerken aktiv zu sein, oder du möchtest gar nicht unter deinem richtigen Namen posten? Dann denk dir ein Fakeprofil aus. Hier darfst du mal richtig rumspinnen. Aber benutze es nie, um andere zu kränken.

Name: ....

Alter: ....

Wohnort: ....

Schule: ....

Beruf: ....

Beziehung: ....

Hobbys: ....

Status: ....

OHNE WORTE!

Manchmal fehlen dir die Worte vor lauter Glück, aber auch mal vor Wut? Dann schreib deinem Liebsten oder deiner Freundin eine Nachricht nur mit Emoticons.

Liebes-Nachricht

Du-bist-das-Letzte!-Mitteilung

TIPPS ZUR SELBSTHILFE

Smartphone, Computer und Internet sind nicht mehr wegzudenken, da beißt die Maus keinen Faden ab. Trotzdem solltest du nicht vergessen, dass in deinem Kopf ein hochentwickeltes Gehirn sitzt, das zu enormen Denkleistungen in der Lage ist. Wenn du merkst, es geht nichts mehr ohne Smartphone, wenn du Angst hast, das Leben findet ohne dich auf WhatsApp & Co statt, du deswegen Dauerzoff mit deinen Eltern hast oder du anfängst zu glauben, dass nachts die Sonne scheint, nur weil das jemand im Internet behauptet, dann mach dir klar, dass es eine reelle Welt zum Anfassen und Fühlen gibt. Kein Beziehungsstatus, kein Snapchat-Foto und kein YouTube-Video ersetzen dir das Tratschen mit der besten Freundin, das Knutschen mit dem Freund, das Fühlen von Sonne oder Regen auf der Haut und die Freude an Bewegung.

Vieles passiert im Internet anonym. Verhalte dich auch dort anderen gegenüber so, wie du selbst behandelt werden willst. Pass auf, was du wem schreibst. Im Gespräch würdest du auch nicht jedem alles erzählen. Das Internet ist eine tolle Erfindung, die vieles leichter macht und Spaß bringt, aber du musst auch dort Verantwortung übernehmen. Die Zeit im Netz muss in einem guten Verhältnis zur Realität stehen, dann kannst du mit gutem Gewissen alle Vorzüge, die das Internet bietet, nutzen.

Denken ist wie Googeln,
nur krasser.

„Es gibt kein problematisches Kind. Es gibt nur problematische Eltern.“

WENN ELTERN HEFTIG MITEINANDER STREITEN ...

... leiden die Kinder besonders. Es ist oft schwer für Kinder zu unterscheiden, ob die Eltern sich nur mal so streiten, weil sie einen schlechten Tag hatten, oder ob es sich um etwas wirklich Wichtiges handelt, das vielleicht sogar den Familienzusammenhalt gefährdet. Viele Kinder denken sogar, sie sind schuld daran, wenn ihre Eltern Streit haben.

Am allerschlimmsten ist es, wenn Kinder in den Elternstreit hineingezogen werden und sogar Schiedsrichter sein sollen. Dabei geht Elternstreit die Kinder rein gar nichts an. Eltern müssen mit ihren Problemen, die sie miteinander haben, allein klarkommen, dafür sind sie erwachsen und haben die Verantwortung für sich selbst. Das bedeutet nicht, dass sich Eltern nie streiten dürfen. Es wäre ja auch unnormal, dass man immer einer Meinung ist. Aber die Form des Streits ist wichtig und dass man, nachdem es mal richtig laut geworden ist, den Kindern die Sachlage erklärt und sich entschuldigt.

Was gar nicht geht, ist körperliche Gewalt. Wenn eines der Elternteile zuschlägt oder gar beide sich prügeln, dann ist das unentschuldbar!

Wie gesagt: Eltern sind auch nur Menschen und dürfen sich hin und wieder streiten. Aber sie müssen das verantwortungsvoll und mit Rücksicht auf ihre Kinder tun.

Man muss keine Supereltern sein, um als Eltern super zu sein.

FAMILIENAUFSTELLUNG

Male mit Strichmännchen auf, wer zu deiner Familie gehört: Eltern, Stiefeltern, Geschwister, Stief- und Halbgeschwister, Großeltern, Onkel, Tanten, Cousins und Cousinen …

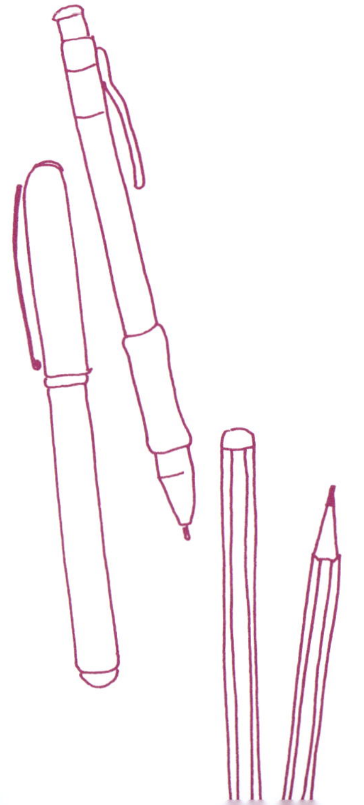

SCHON WIEDER STREIT

Wie verhältst du dich, wenn deine Eltern streiten? Kreuze an.

- ○ Du gehst aus dem Zimmer und versuchst dich abzulenken.
- ○ Du versuchst deine kleineren Geschwister zu beruhigen.
- ○ Du suchst Trost bei älteren Geschwistern.
- ○ Du versuchst den Streit der Eltern zu schlichten.
- ○ Du ergreifst Partei, meist für …
- ○ Du verkriechst dich in eine Ecke und hast Angst.
- ○ Du hältst dir die Ohren zu.
- ○ Du verlässt die Wohnung.
- ○ Du fühlst dich schuldig.
- ○ Du musst der Schiedsrichter deiner Eltern sein.
- ○ ....

  ....
- ○ ....

  ....

STREITTHEMEN

Weißt du, aus welchem Grund sich deine Eltern so oft streiten?

ICH HALT DAS NICHT MEHR AUS!

Deine Eltern streiten oft und laut. Du hältst das nicht mehr aus, traust dich aber nicht, ihnen das zu sagen? Dann schreib deinen Eltern hier einen Brief.

Liebe Eltern,

TIPPS ZUR SELBSTHILFE

Merke dir in allen Elternstreitsituationen: DU BIST NICHT SCHULD DARAN! Auch wenn der Anlass für einen Elternstreit dein unaufgeräumtes Zimmer ist, ist der eigentliche Grund dafür ein Problem deiner Eltern, für das du nichts kannst. Du kannst zwar Rücksicht auf deine Eltern nehmen, wenn du merkst, dass sie Probleme haben, aber du brauchst dir nicht den Schuh anzuziehen, dass du schuld bist oder dass du ihre Probleme durch dein Verhalten lösen kannst. Auch wenn du das „bravste“ Kind der Welt bist, kannst du keinen Streit zwischen deinen Eltern verhindern.

Wenn deine Eltern sich dafür bei dir entschuldigen, dass der Streit vor deinen Augen ausgetragen wurde, ist das o.k. Wichtig ist, dass Eltern das Signal setzen: „Ja, wir streiten, aber wir haben uns trotzdem lieb.“ Auch wenn du den Grund für die Streitereien wissen willst und nachfragst, lass dich nicht einbeziehen, vermittle nicht zwischen ihnen und nimm auch keine Position für ein Elternteil ein.

Du musst weder Vater noch Mutter trösten, dafür haben Eltern Freunde oder andere Bezugspersonen.

Wenn du Sorge hast, dass deine Eltern sich trennen, sprich sie darauf an und frag, wie es mit der Familie weitergeht. Die Unsicherheit ist viel schlimmer als das Wissen, dass sich die Familienverhältnisse vielleicht ändern. Außerdem bist du alt genug, deine Meinung dazu zu sagen.

Wenn du mit deinen Eltern nicht reden kannst, vertrau dich einer anderen erwachsenen Person an, oder sprich mit einem Not- oder Hilfsdienst für Kinder.

Schuld auf Kinder abzuladen ist strengstens verboten!

„Kopfhörer rein.
Musik an.
Welt aus."

WAS NUR MUSIK MIT EINEM MACHT

Musik kann man nicht nur hören, sondern auch fühlen. Es gibt kaum etwas Vergleichbares, das so viele Menschen berührt. Musik ruft Emotionen hervor oder unterstützt sie. Schöne Gefühle können mit der Lieblingsmusik verstärkt werden, Traurigkeit jedoch auch. Manchmal gelingt es einem sogar, sich mit seiner Lieblingsmusik von bösen Gedanken abzulenken oder sich zu motivieren.

Jeder Mensch mag Musik: Der eine liebt klassische Musik, der andere singt Schlager, der dritte macht Headbanging und ganz andere stehen total auf Hip-Hop. Der Musikgeschmack verändert sich, je älter man wird. Im Teenageralter sind meist – wie in der Mode – die aktuellen Trends angesagt. Die Musik, die man in diesem Alter mag, begleitet einen das ganze Leben. In dreißig Jahren wird man sich bei manchen Songs fragen: „Was ist das denn?“, bei anderen wird man sich genau erinnern, was man beim Hören empfunden hat: Das kann der erste Kuss gewesen sein, aber auch ein Riesenzoff mit den Eltern oder das Lieblingslied der besten Freundin.

Die erste Liebe ist oft ein Musiker. Poster kleben von ihm an der Wand, man kennt jede Kleinigkeit aus seinem Leben, kann jeden Song mitsingen und versucht, seine Konzerte zu besuchen. Und man stellt sich jeden Tag vor: „Was wäre, wenn ich ihn treffen würde …?“

Ich kann nicht genau ausdrücken, was ich fühle. Aber ich werde ein Lied finden, das das kann.

Musik ist ein Teil unseres Lebens, egal ob man selbst Musik macht oder nur passiv genießt. Ohne Musik würde uns sehr viel fehlen!

MEINE MUSIKQUELLE

Welchen Musikstil hörst du am häufigsten? ....

Wer ist dein/-e Lieblingssänger/-in? ....

Wie heißt deine Lieblingsband? ....

Welchen Song hörst du zurzeit am häufigsten?

....

Welchen Musikstil magst du gar nicht? ....

Spielst du ein Instrument? ○ ja / ○ nein

Singst du? ○ ja / ○ nein

Woher kommt deine Musik?

○ Radio ○ Fernseher ○ CD

○ Handy ○ Music Streaming ○ Musikvideos

Auf welchen Konzerten oder Festivals warst du schon mal?

....

Tanzt du gern? ○ ja / ○ nein

Hat deine Clique den gleichen Musikgeschmack? ○ ja / ○ nein

Kannst du zu Hause laut Musik hören? ○ ja / ○ nein

Haben deine Eltern und du den gleichen Musikgeschmack?

○ ja / ○ nein

INTERPRETEN-ABC

Finde zu jedem Buchstaben des Alphabets den Namen eines Musikers, egal ob Sänger, Bandname oder Komponist.

A ....
N ....
B ....
O ....
C ....
P ....
D ....
Q ....
E ....
R ....
F ....
S ....
G ....
T ....
H ....
U ....
I ....
V ....
J ....
W ....
K ....
X ....
L ....
Y ....
M ....
Z ....

FANSEITE

Du bist der größte Fan eines Musikers oder einer Band?
Dann schreibe hier alles auf, was du über ihn oder sie weißt und warum du ihn/sie toll findest. Klebe Bilder und Zeitungsartikel ein.

MUSIK-TATTOO MALEN

Stell dir vor, du willst und darfst dir ein Tattoo mit einem Musik-Motiv stechen lassen. Wie sähe es aus? Male einen Entwurf oder klebe ein Motiv auf, das dir gefällt.

MUSIKGESCHICHTE

Beweise, dass du dich mit Musik in allen Epochen auskennst, und verbinde jeweils einen Musiker mit einem Lied, das Musikgeschichte geschrieben hat.

- Wolfgang Amadeus Mozart
- Ludwig van Beethoven
- Helene Fischer
- Elvis Presley
- Madonna
- Beatles
- Rolling Stones
- Bonny M.
- Nena
- Take That

- *Like a virgin*
- *Daddy Cool*
- *99 Luftballons*
- *Atemlos*
- *Die kleine Nachtmusik*
- *Back for good*
- *Love me Tender*
- *für Elise*
- *Yesterday*
- *Satisfaction*

STIMMUNGSLIEDER

Welchen Song hörst du in welcher Stimmung?

Einschlafen

Glücklich Verliebtsein

Liebeskummer

Lieblingslied

Angst

Geschwisterstreit

Albernheit

Zoff mit Eltern

Aufwachen

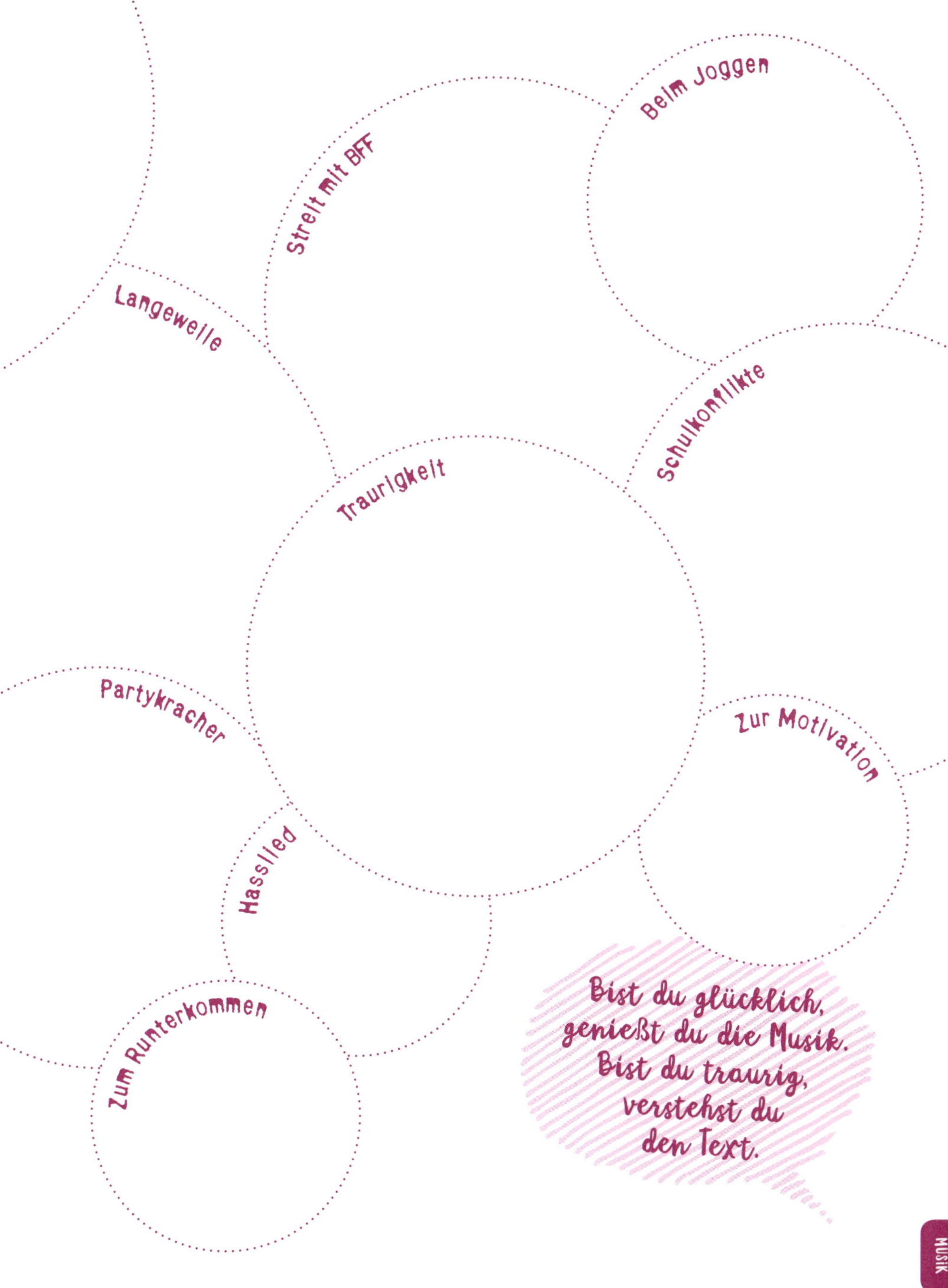
Beim Joggen
Streit mit BFF
Langeweile
Schulkonflikte
Traurigkeit
Partykracher
Zur Motivation
Hasslied
Zum Runterkommen
Bist du glücklich, genießt du die Musik. Bist du traurig, verstehst du den Text.
MUSIK

VOM BANDMITGLIED ZUR SOLOKARRIERE

Viele Stars haben früher mal in einer Band gesungen. Verbinde immer einen Sänger oder eine Sängerin mit seiner oder ihrer ehemaligen Band.

Beyoncé	Wolkenfrei
Dieter Bohlen	Destiny's Child
Fergie	Spice Girls
Justin Timberlake	Modern Talking
Mandy Grace Capristo	Söhne Mannheims
Robbie Williams	Monrose
Vanessa Mai	NSYNC
Victoria Beckham	One Direction
Xavier Naidoo	Take That
Zayn Malik	Black Eyed Peas

Lösung am Ende des Buches

TIPPS ZUR SELBSTHILFE

Auch du kennst das sicherlich, dass Musik Gefühle unterstützt und verstärkt – und zwar egal, ob es sich dabei um schöne oder traurige Gefühle handelt.

Am schönsten ist es, wenn du laut Musik hören kannst, doch das werden dir deine Eltern oder Nachbarn nicht immer erlauben. Aber glücklicherweise gibt es ja Kopfhörer.

Über Musikgeschmack sollte man nicht streiten. Wenn der einen Helene Fischer hilft, nicht mehr „atemlos" zu sein, ist das genauso o.k., wie wenn man mit Rap Aggressionen abbaut. Und wer Mozart mag, sollte überhaupt nicht ausgelacht werden, denn der Wolfgang Amadeus war zu seiner Zeit ein total unangepasster Rebell in der Art von Kollegah oder Eminem.

Musik passiv zu genießen ist eine Sache. Musik selbst zu machen, eine andere. Wenn du Bock auf ein Instrument hast, rede mit deinen Eltern. Instrumente kann man auch leihen und der Unterricht ist an Musikschulen viel billiger als privat zu Hause. Du brauchst Ausdauer und Geduld, bevor man die ersten Fortschritte sieht. Nicht jedes Instrument wird zu dir passen. Höre bei der Wahl gut auf dein Bauchgefühl. Eine andere musikalische Ausdrucksmöglichkeit ist das Tanzen. Am meisten Spaß macht das gemeinsame Musikerlebnis: in einer Tanzgruppe, in einer Band, im Chor oder im Orchester.

Über Musik kann man übrigens ganz wunderbar mit seinen Eltern reden. Frag sie mal, was sie in deinem Alter gehört haben, und lass dir die Musik vorspielen. So kannst du viel von deinen Eltern erfahren, was du vielleicht noch gar nicht von ihnen wusstest – und sie von dir.

Ich habe mal in einer Band gespielt, die hieß „Brausetabletten". Sie hat sich aber aufgelöst.

LÖSUNGEN

Test: Jetzt, gleich oder später?

Die Auswertung ist ganz einfach: Wenn du am meisten die **a-Antworten** angekreuzt hast, erledigst du alles Doofe immer sofort, dann hast du danach mehr Freizeit oder sofort ein besseres Gefühl.

b-Antworten angekreuzt hast, brauchst du für alles, was so ansteht, erst mal Zeit, bevor du loslegst. In der Ruhe liegt die Kraft!

c-Antworten angekreuzt hast, bist du eher ein Verdränger und kannst am besten unter Stress was leisten.

Müllwörter

U	A	Q	W	E	R	T	Z	U	I	O	P
K	N	Ü	L	Ä	P	L	U	N	D	E	R
D	B	R	R	T	U	H	N	M	Y	X	A
V	R	B	A	N	F	D	E	R	W	Q	A
R	A	Q	M	T	A	S	D	F	J	M	K
G	M	E	Ü	Z	B	M	N	G	G	i	L
N	S	G	K	A	S	A	T	R	E	S	A
M	C	O	L	B	S	C	H	M	U	T	Z
K	H	P	Ä	F	T	D	S	Ä	Ö	Ü	H
Z	R	F	H	A	U	F	E	N	S	A	S
U	W	S	S	L	K	J	H	G	F	D	D
W	F	G	H	L	i	U	D	R	E	C	K

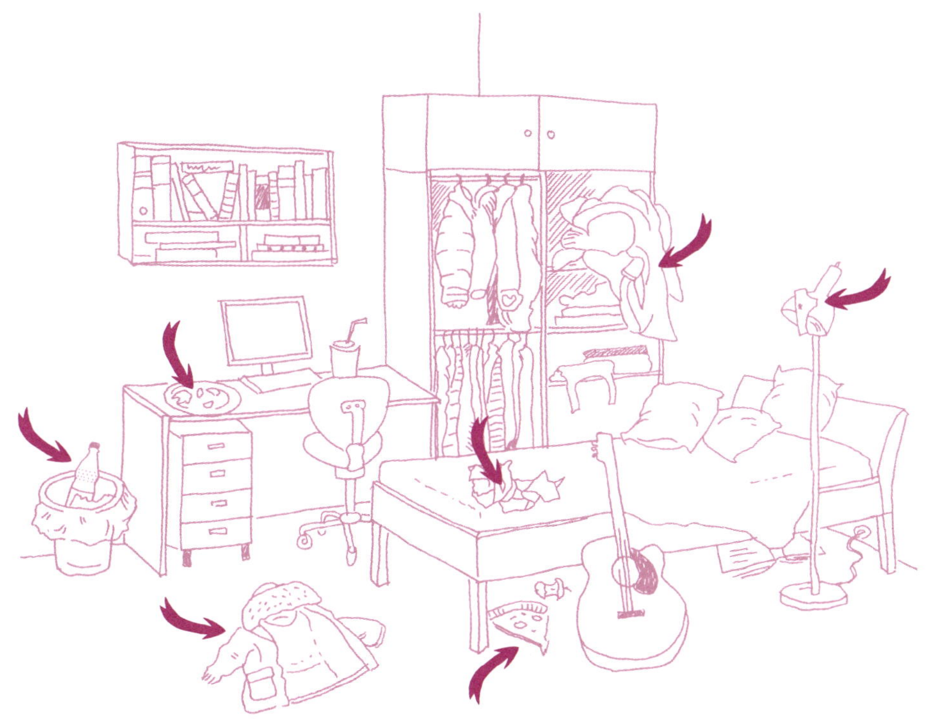

Auswertung Kusstyp

16 – 24 Punkte: Du bist noch etwas unsicher, was das Küssen angeht, und hast nicht viel Erfahrung. Das ist aber überhaupt nicht schlimm. Die richtige Gelegenheit kommt ganz sicher und dann sagt dir dein Gefühl, was du tun möchtest.

25 – 32 Punkte: Du bist keine Anfängerin mehr, lässt dich aber schnell mal unter Druck setzen. Hör mehr auf dein Herz und nicht auf das, was andere sagen oder machen.

33 – 40 Punkte: Du hast schon ganz schön viel Kuss-Erfahrung und bist sehr leidenschaftlich. Das ist gut, aber pass auf, dass du deine Grenzen für dich und für andere deutlich formulierst.

Modekreuzworträtsel

1 JUMPSUIT
2 OVERKNEES
3 CHANEL
4 BOYFRIEND
5 CORSAGE
6 MIDI
7 SHOPPINGQUEEN
8 CLUTCH
9 MEERJUNGFRAU
10 PARKA
11 BOLERO
12 BOXERSHORTS
13 POLOHEMD
14 TANGA
15 KAJAL
16 LIPGLOSS
17 MASCARA
18 PEELING
19 MANIKÜRE
20 PEDIKÜRE

Auswertung Hauttest

Die Auswertung ist ganz einfach: Die Gruppe, in der du die meisten Antworten angekreuzt hast, ist dein Hauttyp.

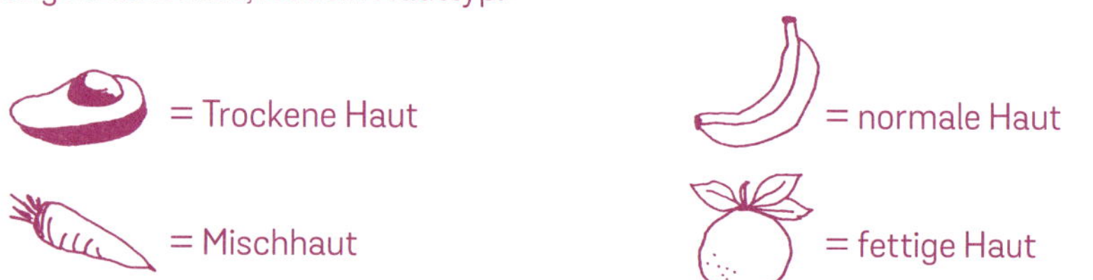

Im Internet kannst du Masken für die verschiedenen Hauttypen finden, die man selber machen kann. Hauptbestandteil ist dann die Frucht oder das Gemüse, das als Symbol beim jeweiligen Hauttyp steht.

In der Schultasche

B	W	E	R	T	Z	U	I	O	F	Ü	L	L	E	R
P	R	Ü	L	Ö	J	H	K	H	G	D	S	A	F	A
Y	Ä	O	X	B	L	E	I	S	T	I	F	T	C	D
V	B	N	T	M	N	B	V	G	H	J	K	U	Z	I
R	E	F	G	D	S	A	U	Z	S	N	Z	H	Ä	E
P	O	P	O	N	O	M	B	F	C	G	S	A	T	R
Y	X	B	B	F	R	S	G	H	H	T	Z	Ö	M	G
D	S	A	S	G	B	K	E	L	U	Ü	P	E	R	U
Q	N	U	Z	V	B	G	H	R	L	R	T	Z	U	M
O	L	G	J	L	H	E	R	T	B	G	F	B	M	M
P	I	R	B	M	E	C	H	L	U	L	K	U	L	I
N	N	A	Q	C	F	Ü	B	R	C	K	A	L	T	Z
F	E	D	E	R	T	A	S	C	H	E	W	A	S	X
M	A	L	D	V	G	B	H	N	M	J	J	K	L	R
Q	L	H	W	A	S	T	E	Z	I	R	K	E	L	M

Durchhalten!

Wenn du aufgeben willst, denk daran, warum du angefangen hast.

Was ist denn das?

Musikgeschichte

Wolfgang Amadeus Mozart: **Die kleine Nachtmusik**
Ludwig van Beethoven: **Für Elise**
Helene Fischer: **Atemlos**
Elvis Presley: **Love me Tender**
Madonna: **Like a virgin**
Beatles: **Yesterday**
Rolling Stones: **Satisfaction**
Bonny M.: **Daddy Cool**
Nena: **99 Luftballons**
Take That: **Back for good**

Vom Bandmitglied zur Solokarriere

Justin Timberlake: **NSYNC**
Beyoncé: **Destiny's Child**
Robbie Williams: **Take That**
Zayn Malik: **One Direction**
Victoria Beckham: **Spice Girls**
Dieter Bohlen: **Modern Talking**
Fergie: **Black Eyed Peas**
Mandy Grace Capristo: **Monrose**
Xavier Naidoo: **Die Söhne Mannheims**
Vanessa Mai: **Wolkenfrei**

Die Aussagen in diesem Buch sind von Autorin und Verlag sorgfältig erwogen und geprüft worden. Dennoch kann keine Garantie auf Vollständigkeit gegeben werden. Eine Haftung für Personen-, Sach- und Vermögensschäden ist ausgeschlossen.

Domzalski, Bettina:
Mein Buch zum Reinkritzeln und Abschalten
ISBN 978 3 522 50582 6

Gesamtausstattung: Christiane Hahn und Christina Hucke, Frankfurt am Main
Reproduktion: HKS-Artmedia GmbH, Leinfelden
Druck und Bindung: Livonia Print

4. Auflage 2022

Hier gibt`s
für jede Lösung
ein Problem!

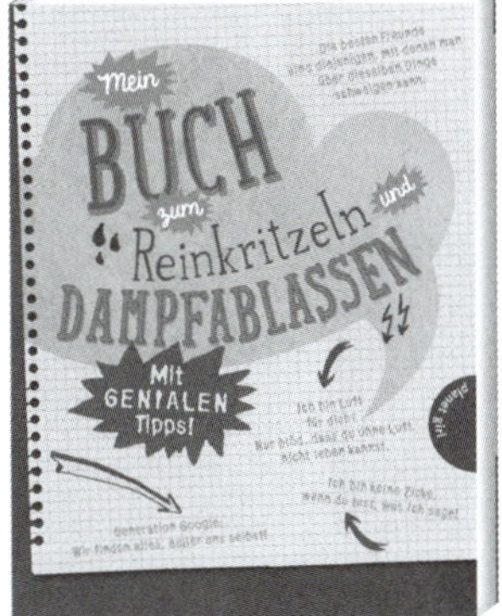

Bettina Domzalski
Mein Buch zum Reinkritzeln und Dampfablassen
mit genialen Tipps

136 Seiten · Broschur
ISBN 978-3-522-50470-6

Gerade eben warst du noch super drauf und jetzt könntest du schreiend gegen eine Wand rennen? – So ein Gefühlschaos kennt doch jeder! Damit du und deine Freundinnen im ganz normalen Alltagswahnsinn nicht untergeht, findet ihr in diesem Erste-Hilfe-Buch geniale Tipps: sei es beim Zoff mit den Eltern, in der Schule oder bei einem Streit mit der besten Freundin. Aber auch wenn ihr euch mal so richtig austoben und Dampf ablassen wollt, könnt ihr hier den Stift zücken. Volle Kraft voraus! Getreu dem Motto: Du kannst die Wellen nicht aufhalten, aber du kannst Surfen lernen!

www.planet-verlag.de

Die allerbeste Freundin ist das Wichtigste auf der Welt

Katrin Lankers
Meine allerbeste Freundin & ich
Das geniale Testbuch für zwei

192 Seiten · Broschur
ISBN 978-3-522-50422-5

Nichts und niemand kann euch trennen und ihr teilt alle Geheimnisse. Mit diesem genialen Testbuch findet ihr heraus, ob ihr wirklich alles voneinander wisst und wie ähnlich ihr einander seid.
Die spannenden Psychotests werden für Gesprächsstoff oder sogar für Lacher und Diskussionen sorgen. Und auf den Actionseiten erwarten euch kleine Aufgaben für das echte Leben, die euch noch enger zusammenschweißen und einfach Spaß machen.

Das ist Dein Buch!

Katrin Lankers
Mein Buch über mich

192 Seiten · Gebunden
ISBN 978-3-522-50458-4

Welche zehn Songs bilden den Soundtrack deines Lebens? In wen würdest du dich gerne für einen Tag verwandeln? Wie wichtig ist dir Styling? Fragen zum Lachen, Fragen zum Grübeln, Fragen zum Nachdenken. Einfach eintragen, ankreuzen, loskritzeln ... Das Eintragebuch für alle, die Lust haben, sich selbst auf kreative Weise etwas besser kennenzulernen.